C000091998

פרי נסתר

קבל את כל מה שאלוהים מייעד לך

רוברט בס

Hidden Fruit
Receive All That God Has For You
Robert Bass

נדפס בישראל
מסת"ב 0-0-890845-9-8-979 ISBN

תוכן עניינים

3

הקדמה

אלוהים רוצה שנניב פרי בחיים שלנו עוד לפני שנפגוש אותו פנים אל פנים. פרי הרוח נועד לעזור לנו ליהנות מהחיים האלה, לשאת אותם ואפילו לנצח בהם, בכל מצב שאליו ניקלע. כך מתואר הפרי הזה באיגרת אל הגלטים: אהבה, שמחה, שלום, אורך רוח, נדיבות, טוב לב, נאמנות, ענווה וריסון עצמי (ה 22-23). הפרי של רוח הקודש הוא הסנן שבאמצעותו נוכל לדעת מי בחיים שלנו באמת אוהב את אלוהים ומנגד לחשוף זאבים בלבוש כבשים. אני מקווה שהמילים האלה יפקחו את עינינו להבין שאנחנו יכולים ליהנות מהפרי שאלוהים ייעד לנו.

הספר הזה נועד לכל מי שצמא לאהבה, להגנה ולחוכמה של אבא באשר הוא - בין שמדובר באבא בשר ודם ובין שבאבינו שבשמיים. הוא נועד לכל ילדי אלוהים שצורפו והורכבו אל המשפחה, גם לבני אברהם וגם לבנות ציון המחכים לשיבתו המובטחת של ישוע. יש אנשים שדמות אב בעיניהם היא דמות שלילית בגלל החוויות האישיות שלהם. אחרים רואים באלוהים אבא טוב אבל מרוחק ולא מוכר. הספר הזה מזמין את כולנו להכיר את אלוהים אבינו, אבא שאוהב אותנו יותר משידענו מעולם, בלי כל קשר לחוויות שלנו עם אבא שלנו או עם אלוהים עצמו.

הספר הזה סוקר כל פרי של הרוח. הפרי הוא מתנה שנתן אלוהים האב לילדיו. בחלק א נדון בחיים במשפחה של אלוהים. בחלק ב נסקור פרי אחד בכל פרק, וכל פרק יתחיל במכתב אישי מאלוהים האב אלינו. את החלק הזה עלינו לקרוא כמו מכתב מאבא לילד שמתאר את היוכלה, את הפוטנציאל, העצום הטמון בחיינו. חלק ג סוקר את הצעדים המעשיים לחיים פוריים עם אלוהים. יש הבדל בין הידיעה על מישהו לבין השהות במחיצתו. מילות האב יכולות לחולל ריפוי בחיינו אם נפתח את ליבנו, נקרא בנחת כל פרק ונאפשר לאמת של אלוהים לחלחל אל ליבנו. אני מקווה שהספר יעזור לנו לקבל ברצון את האהבה שאלוהים רוחש לנו.

חלק א

ידיעת האלוהים

פרק א

ממש מתחת לאף

האם המשאלות והחלומות שלנו כבר התגשמו? אנחנו יכולים לכלות את כל חיינו בחיפוש אחר אהבה, שמחה ושלום בזמן שהם נמצאים ממש לנגד עינינו, מתחת לאפנו. אנשים מחפשים לעצמם אושר ולשם כך קונים לעצמם בגדים חדשים, מחפשים ביטחון בעבודה מושלמת או מחפשים הגשמה במציאת בן הזוג הנכון לנישואין. כל הדברים האלה טובים, אבל הם אינם המטרה. בגדים חדשים דוהים ויוצאים מהאופנה. העבודה המושלמת עלולה להשתנות עם המנהל, ונישואין עוברים תקופות של עליות וירידות. אני מאמין שאלוהים הסתיר ממש לנגד עינינו את הסוד לחיים שאנחנו מחפשים. הסוד כל כך ברור שאנחנו בכל זאת מחפשים את המטרה שלנו מעבר לו. כאשר אנחנו מרכיבים משקפיים, העדשות עוזרות לעינינו לראות טוב יותר. הן מתקנות את הראייה שלנו כדי שהאמת תהיה במוקד. אנחנו זקוקים לעדשות הנכונות כדי לראות את מה שנמצא ממש לנגד עינינו. באיגרת השנייה לקורינתים ד 4, שאול השליח מזכיר לקהילה את מצבם של אנשים שבוחרים ללכת בדרך שלהם:

אל העולם הזה עיוור את שכלם של הבלתי מאמינים לבל יזרח עליהם אור הבשורה של כבוד המשיח אשר הוא צלם האלוהים.

לפני שהכרנו את המשיח, היינו עיוורים כי הרכבנו משקפיים לא נכונים. מה שראינו דרך המשקפיים האלה גרם לנו להתמקד בשאיפה להשיג את הרצונות שלנו בכוח שלנו. אם אנחנו זקוקים למשקפיים לקוצר ראייה אבל מרכיבים משקפיים שנועדו לתקן בעיה של ראייה למרחק, הראייה שלנו לא תשתפר. אם נרכיב משקפיים לא נכונים, הראייה שלנו תידרדר ונתהלך כמו עיוורים. תאר לעצמך שמאז ילדותך אתה מרכיב משקפיים כאלה ומעולם לא ידעת שאפשר לראות טוב יותר. חיים כאלה הם חיים קשים מאוד, והם קשים גם אם אנשים אחרים מרכיבים את המשקפיים

9

הנכונים. העדשות קובעות מה אנחנו רואים בחיים ולכן חשוב שנרכיב את העדשות הנכונות. אנחנו חייבים להגיע למצב שבו אנחנו מוכנים להיפטר מהעדשות הישנות ולקבל את העדשות הנכונות, ואלה ייתנו לנו זווית ראייה חדשה. מי שרוצה להבין את האמת, צריך קודם כול להיות מוכן להבין שהוא עיוור כי הוא הולך בדרכים שלו. חשבו רגע אילו אפשרויות עומדות מולנו כשאנחנו רואים בבירור. באיגרת השנייה לקורינתים ה 17 כתוב:

> על כן מי שנמצא במשיח הוא בריאה חדשה. הישנות עברו. הינה נהיו חדשות.

ברגע שאנחנו רואים טוב ונכון, אנחנו הופכים לבריאה חדשה, לאדם חדש. אנחנו מקבלים החלטות חדשות מתוך זווית ראייה חדשה. כשאנחנו רואים היטב, אנחנו הולכים מהר יותר ויש לנו אומץ כי אנחנו יודעים לאן אנחנו הולכים.

אני זוכר שכשהייתי בצופים, קשרו את עינינו במטפחת וביקשו מכל אחד מאיתנו להקים אוהל. בהתחלה היה נדמה לנו שהמשימה קלה, אבל עם הזמן התקשינו לזהות את החלקים השונים ואת מיקומם רק בעזרת חוש המישוש. לי, למשל, נדרשה יותר משעה כדי לבצע את מה שבדרך כלל ביצעתי תוך כמה דקות. כאשר הורדתי את המטפחת כדי לראות מה הצלחתי לעשות, האוהל שלי נראה כאילו פגעה בו מכונית. אבל הואיל וכבר הקמתי בעבר את את אותו אוהל באור, יכולתי לזהות בקלות מה צריך לתקן ואיך. במתי טו 14 כתוב:

> השיב ואמר: ..."הניחו להם. מורי דרך עיוורים הם לעיוורים. ואם עיוור מדריך את העיוור, הרי שניהם ייפלו לבור".

חוכמת אלוהים מאפשרת לנו לראות את אותם דברים הנמצאים ממש לנגד עינינו. אני מאמין שאלוהים גילה לכל אחד מאיתנו אילו חיים הוא רוצה שנחיה. אנחנו צריכים להיות מוכנים לוותר על העדשה הישנה שלנו כדי שנוכל לראות את הפרי הנסתר הזה. קשה לוותר על מה שאנחנו מכירים לטובת מציאות שעדיין איננו מבינים. אחד הסימנים החשובים לכך שאיננו רואים בבירור הוא שאנחנו משיגים את המטרות שלנו ובכל זאת נדמה לנו שמשהו חסר. אנחנו מרגישים כאילו אנחנו מחמיצים משהו טוב יותר בחיים. אם נוותר על זווית הראייה שלנו בחיים, נוכל לראות את האוצר שאלוהים הכין לנו. בקוהלת ג 11 כתוב:

את הכול עשה יפה בעיתו. גם את העולם נתן בליבם מבלי אשר לא ימצא
האדם את המעשה אשר עשה האלוהים מראש ועד סוף.

אלוהים נטע בנו את השאיפה להשיג משהו שהוא מעבר למה שיש לנו, אבל אינני
מדבר על רכוש עלי אדמות. אני מדבר על הקרבה אליו, הוא רוצה להיות הרבה
יותר קרוב. נוצרנו כדי לחיות איתו לנצח. מגיע רגע בחיים שבו אנחנו חייבים לבחור
באיזו דרך נלך. הרגעים האלה מגדירים את החיים ואת העתיד שלנו. לאחרונה
שמעתי ציטוט: "אדם איננו מוגדר בשל מה שקורה לו אלא במה שהוא הופך
להיות". כשהעיניים שלנו פקוחות, אנחנו יכולים לשלוט בבחירות שלנו ובתגובות
שלנו. העיקרון הזה נמצא גם במתי יב 33:

או שהעץ טוב ופריו טוב, או שהעץ רע ופריו רע. שהרי בפריו ניכר העץ.

אנחנו חייבים לבחור לוותר על זווית הראייה שלנו, על מה שלימדו אותנו בעבר,
לבחור לשנות את זוויות הראייה שלנו ולפקוח את עינינו לראות את האמת - ישוע
בן האלוהים. הבחירה ללכת בנאמנות אחריו ובדרכיו מספקת לנו את הראייה
החדשה הזאת. ההליכה אחרי ישוע תשנה את האופן שבו אנחנו רואים את העולם
ואת האנשים סביבנו. הפרי הנסתר טמון בקרבתו. אם אנחנו ילדים של אלוהים,
אנחנו חלק ממשפחה אחרת עם מערכת כללים אחרת. הכללים עוזרים לנו לנהל
קשר עם אבינו שבשמיים.

הפרקים הבאים יתחילו לפקוח את עינינו להבין את החיים במשפחה של
אלוהים. הבא נשים בצד את המחשבות הקודמות שלנו על אלוהים, הקהילה,
המאמינים והארגונים השונים. הגיע הזמן שנצא למסע שבו נכיר באמת את אבינו
שבשמיים ונחיה חיים מניבי פרי.

פרק ב

מלאי פרי

החיים שלנו הם מסע רצוף עליות ומורדות. רובנו חושבים שחיים טובים הם חיים עם רגעי שיא רבים יותר מאשר נקודות שפל. כולנו רוצים לדעת מהם המטרה, הייעוד או השליחות שלנו ולהגשים אותם כדי שנוכל לדעת שלחיים שלנו יש משמעות. אבל אם לא ניזהר, אנו עלולים להגדיר חיי הצלחה לפי ערכים שאינם עולים בקנה אחד עם רצון אלוהים לגבינו. אני מאמין שאלוהים רוצה שתהיה לנו צורת חשיבה נצחית ושנחיה חיים מלאי הגשמה מתוך כוונה. בבראשית א 27 כתוב:

> ויברא אלוהים את האדם בצלמו, בצלם אלוהים ברא אותו. זכר ונקבה ברא אותם. ויברך אותם אלוהים ויאמר להם אלוהים פרו ורבו ומלאו את הארץ וכבשוה ורדו בדגת הים ובעוף השמיים ובכל חיה הרומשת על הארץ.

המטרה שניתנה לבני האדם עלי אדמות היא לפרות ולרבות כדי למלא את הארץ. בהקשר של בראשית, פוריות משמעה להביא ילדים לעולם או להרבות את הזרע שלנו. התרבות פירושה להניב מחדש את מה שניתן לנו עלי אדמות, כמו צמחים. אבל ממצבים שונים בחיים אפשר ללמוד שהמצווה הזאת רחבה יותר.

נתבונן בחיים של ישוע בן האלוהים ונראה מה הוא אומר על המטרה שלנו בחיים האלה. במתי כח 18-20 כתוב:

> ניגש ישוע לדבר איתם ואמר: "ניתנה לי כל סמכות בשמיים ובארץ. על כן לכו ועשו את כל הגויים לתלמידים, הטבילו אותם לשם האב והבן ורוח הקודש ולמדו אותם לשמור את כל מה שציוויתי אתכם. הינה אתכם אני כל הימים עד קץ העולם".

קוראים בני זמננו מתייחסים אל הפסוקים האלה כאל מה שהם מכנים "המשימה הגדולה שקיבלה הקהילה". המשימה הזאת דומה מאוד למצווה שאלוהים נתן

לאדם, לפרות ולרבות, אבל היא קיבלה משמעות מורחבת באמצעות חייו של ישוע. המשימה החדשה שקיבלו האנשים שהלכו בעקבותיו מספקת משמעות חדשה. כאשר אנחנו משפיעים על בני אדם לטובה, אנחנו מוצאים הגשמה ומשמעות. האנשים בחיינו צריכים להפיק תועלת מהפרי שאנחנו עושים בחיינו. פרי העץ לא נועד לעץ אלא לסובבים אותו. במצווה המקורית, אלוהים נתן לנו שלטון על צמחים ובעלי חיים אבל לא על בני אדם. המטרה שלנו היא לשרת, לא שישרתו אותנו. אנחנו צריכים לעזור להדריך אנשים לקשר פורה עם אלוהים, לא לגרום לאנשים למלא את החיים שלנו בפרי. אלוהים ברא אותנו בצלמו, לא במובן של מאפיין גופני או ישות שכלית אלא במובן של ההזדמנות לשרת את הדברים הטובים שהוא ברא. אנחנו מייצרים מחדש את הדברים הטובים שאלוהים ברא. אנחנו לוקחים את הזרעים שהוא נתן לנו ויוצרים את הסביבה הנכונה שבה הם יכולים להניב פרי.

הזרע הוא בשורת ישוע, והוא טמון כעת בנו ובמשפחה של אלוהים. בגלטים ג 29-26 כתוב:

> כולכם בנים לאלוהים על ידי האמונה במשיח ישוע. כי כולכם אשר נטבלתם למשיח לבשתם את המשיח. אין יהודי אף לא גוי, אין עבד אף לא בן חורין, לא זכר אף לא נקבה, משום שכולכם אחד במשיח ישוע. ואם אתם שייכים למשיח, אזי זרע אברהם אתם ויורשים על פי ההבטחה.

השליחות והמטרה שלנו נשארו כשהיו מראשית. אלוהים רוצה שנהיה חלק ממשפחתו ונדגים איך נראים החיים במשפחתו. אנחנו צריכים לשרת את מה שהוא ברא עלי אדמות ולעזור לגדל אותו. המטרה איננה רק ליהנות ממה שקיבלנו אלא לבנות עוד על הברכות שאלוהים ברא. אולי זה נראה בלתי אפשרי בעולם שבו אנחנו חיים. זאת הסיבה שכדי להגשים את המטרה שלנו, אנחנו צריכים לחיות בקרבה לאלוהים הבורא שלנו ובנוכחותו. נחזור לבראשית ב 1-5 ונראה מה קרה אחרי שאלוהים ברא אותנו.

> ויכולו השמיים והארץ וכל צבאם ויכל אלוהים ביום השביעי מלאכתו אשר עשה, וישבות ביום השביעי מכל מלאכתו אשר עשה. ויברך אלוהים את יום השביעי ויקדש אותו כי בו שבת מכל מלאכתו אשר ברא אלוהים לעשות.

אלוהים הקדיש זמן להיות עם הבריאה שלו וליהנות ממה שברא. אלוהים רוצה להיות איתנו ולנהל איתנו קשר. כן, בורא היקום אוהב אותנו ורוצה להיות איתנו. בבראשית ג 8 כתוב שאלוהים התהלך לו "בגן לרוח היום", בקרירות הנעימה של הגן, וקרא לנו.

המטרה שאלוהים ייעד לנו היא להיות איתו וליהנות מהשפע שאנחנו מקבלים מהשהות במחיצתו. הבעיה היא שאנחנו בוחרים לשלוט במה שאלוהים הפקיד בידינו לשרת. בבראשית ג אפשר לראות שאכלנו מעץ הדעת טוב ורע. אנחנו בוחרים להגדיר טוב ורע במונחים שלנו וכך לשלוט בדרך שלנו. הבחירה הזאת גרמה לבעיה עמוקה בליבנו, ורק אלוהים יכול לתקן אותה. ישוע אמר לתלמידים ביוחנן טז 7-8:

> אבל אני את האמת אני אומר לכם: "מוטב לכם שאלך. אם לא אלך, המנחם לא יבוא אליכם. ואם אלך, אשלח אותו אליכם. כאשר יבוא יוכיח את העולם על חטא ועל צדק ועל משפט".

המנחם הוא רוח הקודש, רוח אלוהים. רוח אלוהים נמצאת כעת איתנו. אלוהים אוהב אותנו ולכן הוא שם בינינו את עצם נוכחותו, את רוחו, כדי לעזור לנו להגשים את רצונו. במעשי השליחים א-ב אפשר לקרוא על בואה של רוח הקודש כשם שישוע הבטיח. אחרי שהוא עלה לשמיים, תלמידיו, גם גברים וגם נשים, היו בחדר העלייה והתפללו. רוח הקודש באה כמו רוח סערה ומילאה את הבית כולו ואת כל מי שהיה שם. הם היו כה מלאים ברוח, עד שחלקם התחילו לדבר בלשונות אחרות והאנשים שעמדו בחוץ שמעו על נפלאות אלוהים. נוכחות אלוהים ממלאת אותנו כך שכל מי שמסביבנו יוכל לראות את טובו. אחר כך התחילו התלמידים למלא את השליחות הגדולה שישוע דיבר עליה במעשי השליחים ב 38-39:

> אמר להם כיפא: "שובו בתשובה והיטבלו איש איש מכם בשם ישוע המשיח לסליחת חטאיכם, ותקבלו את מתנת רוח הקודש. כי לכם ההבטחה ולבניכם ולכל הרחוקים, לכל אשר יקרא להם ה' אלוהינו".

כתוב שיותר משלושת אלפים איש נוספו באותו יום למשפחה של אלוהים. אני בטוח שעוד רבים נוספו כאשר אנשים התחילו לספר מה קרה. שכן פרי נוכחות האלוהים זמין ועומד לרשות כל בני האדם כדי שיוכלו ליהנות ממנו. משמח לדעת שאלוהים רוצה להיות איתנו, והוא נותן לנו את מה שאנחנו זקוקים לו כדי להגשים

את המטרה בחיינו. התפקיד שלנו הוא להישאר בנוכחותו ולטפח את הסביבה של הלב שלנו כדי שנוכל להניב עוד פרי. יוחנן מזכיר לנו בפרק טו שאם נעמוד בגפן האמיתית, נניב את הפרי שאנחנו צריכים להניב בחיינו.

פרק ג

השאיפה לפרי

איך אפשר לנהל חיים המניבים פרי? כשאנחנו קוראים על פרי הרוח בגלטים פרק ה, אנחנו עלולים לחשוב שצריך לעשות משהו כדי להרוויח את הפרי הזה, כמו שכר. אנחנו מתחילים לערוך תוכניות ולעשות מעשים בתקווה שהם יניבו פרי טוב. התפיסה הזאת שלפיה כדי להניב פרי צריך לפעול, תשלח אותנו לדרך ארוכה שאין בסופה דבר. אנחנו קוראים את הכתובים, לומדים אותם או תורמים לבני אדם אחרים כדי שנוכל להיות מודעים יותר לנוכחות אלוהים. פרי הרוח הוא תוצר נלווה של נוכחות אלוהים והדרכתו בחיינו. בגלטים ו 7 כתוב:

אל תטעו, באלוהים אין להתל. כי מה שאדם זורע, את זאת גם יקצור.

המושג הזה של זרע וקציר, קיים בעולם שלנו גם אם איננו מאמינים בכתובים. אפשר להתעלם ממנו, כמו מחוק הכבידה. יש אנשים שטוענים שבני אדם גונבים, מרמים ומשקרים כדי להצליח ולהיות מאושרים, אבל תמיד יבוא יום שבו המעשים שלהם יניבו את התוצאות הלא רצויות. יש אנשים שמצליחים כי הם משקרים בעבודה, אבל השקרים האלה מחלחלים אל מערכות יחסים ויוצרים חוסר אמון. המושג הזה של זריעה וקציר עוזר מאוד להבין כיצד פועל פרי הרוח בחיינו. נבחן את משל הזורע במרקוס ד 3-9:

אמר להם: "שמעו! הינה יצא הזורע לזרוע. כאשר זרע נפלו כמה זרעים בשולי הדרך ובאו ציפורים ואכלו אותם. אחרים נפלו על אדמת טרשים, במקום שלא הייתה להם הרבה אדמה, ומיהרו לצמוח מפני שלא הייתה להם אדמה עמוקה. כשזרחה השמש נצרבו ובאין שורש התייבשו. אחרים נפלו בין הקוצים, אך הקוצים צמחו והחניקו אותם ולא נתנו פרי. אחרים

נפלו על אדמה טובה ונתנו פרי עולה וגדל - זה פי שלושים, זה פי שישים וזה פי מאה". אמר להם: "מי שאוזניים לו לשמוע, שישמע!"

בקטע הזה אפשר לראות שישוע מדבר על איכות האדמה בליבם של בני האדם. הזרע הוא דבר אלוהים, וישוע הוא הזורע. אין לנו שום שליטה על הזרע או על הפרי הצומח ממנו. יש לנו שליטה על האדמה או על הסביבה בלב שלנו. אנחנו חייבים להכין את ליבנו לקבל את דבר אלוהים ולאפשר לו להניב את מה שהוא נועד להניב בחיינו. כאשר אנחנו מתמקדים בפרי במקום במצב שבליבנו, אנחנו תקועים במנטליות צרכנית במקום במנטליות יצרנית. צרכן מתעניין רק במה שהוא יכול להשיג, וממשיך להשיג אותו עד שהכול אוזל. יצרן מתמקד במאמץ להרבות ולהצמיח את מה שיש לו. אני מאמין שאלוהים קרא לנו להיות יצרנים, אבל העולם מלמד אותנו להשיג ולצרוך ככל האפשר. כדי לנהל חיים יצרניים, אנחנו צריכים לאפשר לאלוהים לסלק מליבנו את כל מה שלא ממנו. כך ניצור את האדמה הנכונה ואת הסביבה הטובה שבתוכן החיים שלנו יוכלו להניב פרי.

זכור את המצווה הראשונה שאלוהים נתן בבראשית א 28: "פרו ורבו". התוכנית של אלוהים לגבינו עוד מראשית היא לחיות חיים המניבים פרי. אם אנחנו רוצים לחיות חיים המניבים פרי, אנחנו צריכים להתמקד בחיים עם רוח הקודש ולשלוט במצב שבליבנו. קודם עלינו לזרוע את דבר אלוהים באדמה שבליבנו ובמחשבותינו.

אנחנו צריכים להתכונן לתת לדבר אלוהים את התנאים הנכונים שבהם הוא יכול לגדול. פגשתי אנשים רבים שאינם מאמינים שכתבי הקודש הם דבר אלוהים ואפילו מפקפקים בקיומו של אלוהים. אחרים אומרים שדבר אלוהים הוא נכון אבל הם בוחרים לפעול בהתאם למה שהם שומעים. יש אנשים שקוראים בכתובים אבל רק כי הם מרגישים חובה לעשות זאת. כל הדרכים האלה מקשות את ליבנו ומונעות מדבר אלוהים לצמוח. הזרע גם זקוק לשמש ולמים כדי להמשיך בתהליך הצמיחה. כאשר אנחנו קוראים בכתובים, מאמינים שישוע הוא המושיע שלנו ובוטחים ברוח הקודש כדי ללמד אותנו, אנחנו הופכים את הלב שלנו לאדמה טובה.

אחד הנושאים העיקריים בכתובים הוא שישוע הוא המושיע שלנו שבא לשקם את הקשר שלנו עם אלוהים. רוח הקודש נשלחה מאת אלוהים והיא מקור הכתובים, המחברת השמימית שלהם, שבהשראתה כתבו אותם מחברים בני אנוש כדי שיהיו לנו גם התנ"ך וגם הברית החדשה. מדהים שרוח הקודש, מקור הכתובים, נמצאת

איתנו ויכולה לענות על שאלות או ספקות כשאלה מתעוררים. סיפורי הכתובים מזכירים לנו שמקור הכוח והתקווה שלנו הוא באלוהים. הקריאה בסיפורי הכתובים מספקת לנו הזדמנות לתת לדבר אלוהים להוכיח אותנו על הסיפורים שלנו ולרפא אותנו מהם. יש מעשים שאנחנו צריכים להפסיק לעשות או לשנות כדי שפרי מסוים יצמח בחיינו. סירוב לסלוח הוא דוגמה למשהו שעלול למנוע מאיתנו לראות את הפרי צומח בחיינו. אלוהים לא השאיר לנו את הבחירה אם לסלוח אלא ציווה עלינו לעשות זאת. שאול השליח כתב בגלטים ה שעלינו להתהלך ברוח. כאשר אנחנו מתהלכים עם אלוהים, הוא נותן לנו את הכוח לסלוח ולהירפא מהעבר. כך, בין היתר, נוכל להכין את ליבנו להיות אדמה טובה.

אלוהים סיפק את הצורך שלנו עוד לפני שידענו שיש לנו צורך, אבל המשמעות איננה שאנחנו צריכים רק לשבת ולחכות להתגשמות ההבטחה הזאת. אנחנו צריכים לשמור על איזון בין הביטחון שאלוהים יספק כאשר אנחנו איננו יכולים לעשות זאת, לבין ההכנות והפעולות שאנחנו צריכים לעשות עד שנראה את מה שהוא מספק לנו. שים לב לדוגמה של קשר בין הורה לילד. רוב הילדים אינם יכולים לעבוד ולספק לעצמם מזון, מחסה וביגוד. ההורים מספקים להם את הדברים האלה באמצעות היכולת, החוכמה והכוח שלהם. הורה איננו מצפה מילד לספק לעצמו את המזון אבל הוא כן מצפה ממנו להגיע לשולחן ואולי גם להביא צלחת וכלי אוכל כדי שיוכל לאכול. הורה איננו מצפה מילד לספק לעצמו מחסה, אבל הוא כן מצפה ממנו לישון במיטה ולשמור על חדר מסודר ונקי. באותו אופן, הורה גם איננו מצפה מילד לקנות לעצמו בגדים, אבל הוא כן מצפה ממנו לשמור על לבוש מסודר ונקי וללבוש בגדים מתאימים במצבים שונים. גם אם הילדים מחליטים לא לעשות את המעשים שההורים שלהם מצפים מהם לעשות, ההחלטה הזאת איננה מגבילה את היכולת של ההורים לכלכל את ילדיהם או את הזמינות שלהם לילדיהם. ההשלכות של ההחלטות שלהם יגבילו את המידה שבה הם יוכלו ליהנות ממה שהוריהם נתנו להם. שאול השליח הזכיר קודם בגלטים ה לא להיכנע למעשי הבשר כי הם מתנגדים לרוח. בפסוק 1 הוא ציווה לא להיכנע שוב "לעול העבדות", והזכיר לנו שכאשר אנחנו פועלים בדרך שלנו, אנחנו מגבילים את היכולת שלנו לבטוח באלוהים וליהנות מהפרי שהוא סיפק לנו.

ייצור הפרי הוא תפקידה של רוח הקודש. רוח הקודש מניבה פרי כאשר אנחנו נכנעים לה ולא כשאנחנו רוצים. כאשר אנחנו מבקשים את נוכחות רוח הקודש,

קוראים בכתובים, מקבלים תוכחה, מתפללים ונשמעים למה שאנחנו קוראים בכתובים, אנחנו יוצרים את הסביבה הנכונה. הרי אנחנו יודעים שהמעשים האלה אינם הדרך לפרי אלא מכינים אותנו לכך שרוח הקודש תוכל לשלוט בחיינו. איננו יכולים להניב את הפרי של אלוהים אם אלוהים איננו נמצא בתוכנו. חשוב שנזכור לאורך המסע שלנו שלא מדובר במה שאנחנו יכולים לעשות למען אלוהים אלא במה שאלוהים כבר עשה למעננו בכוחו. עלינו להיכנע להדרכת הרוח וכך להתהלך ברוח. עלינו תמיד לשאוף להכיר את אבינו שבשמיים.

פרק ד

האם אתה מכיר אותי?

החיים כמו אד הנראה לרגע ואחר כך נעלם, ויש לי דברים רבים לומר לך. אני רוצה לפגוש אותך ולספר לך על כל מה שתכננתי למענך. היום שבו ניפגש פנים אל פנים יהיה יום גדול, אבל אל תתייאש כי יש לי תוכניות מיוחדות לחייך עד אז. אני פועל למענך כבר זמן רב. אני עושה מעשים רבים כדי למשוך את תשומת ליבך. סוף סוף אתה שם לב אליי ואנחנו יכולים לדבר. שמעתי אנשים שאומרים עליי דברים שפשוט אינם נכונים. אני אוהב אותך ותמיד אהבתי אותך, עוד מראשית. אל תאפשר לספק לחלחל פנימה כי האהבה שלי אליך איננה מבוססת על מה שעשית או יכולת לעשות. האהבה שלי איננה נמדדת לפי מצבך בהווה והשלכותיו. אם תחפש את האהבה שלי תוכל לראות אותה ברגעים הקטנים, אבל כעת, מספיק שתדע שתמיד אהיה קרוב כאשר תזדקק לי. שמעתי שאנשים אומרים שאני מרוחק ומנוכר. המילים האלה מעציבות אותי כי אני כן רוצה להיות קרוב אליך. האהבה באה לידי ביטוי כאשר אנחנו נמצאים בחברת האדם שאנחנו אוהבים ומקיימים מערכת יחסים עמוקה איתו. אני מחכה לשמוע את קולך כל בוקר. אני מתרגש מאוד כשאני שומע אותך מתעורר ומתחיל עוד יום. אני מחכה ללכת איתך כל צעד לכל אורך היום ולעבור איתך דברים רבים יחד. אני מתעצב כשאתה ממהר להתחיל כל יום במשימה. המטרה בחייך איננה רק לפעול בשביל אדם אחר אלא גם להיות בחברתו. אני מבין לליבך ולכן אל תתייאש כי אני איתך במשימות האלה. אני יודע שלפעמים נדמה לך שאינך תמיד שומע את קולי. אני מדבר וחולק איתך את דבריי לעיתים

קרובות. כן, בכל רגע ומשימה אני מדבר איתך. אני יודע שלפעמים קשה להאמין שזה נכון כי אולי אינך תמיד שומע אותי. המילים שלי זורמות מתוך האהבה שלי אליך. אני גם רוצה שתדע שאני שומע אותך כשאתה מדבר. כן, אני תמיד מקשיב והקול שלך יקר לי מאוד. אני יכול להקשיב לך מדבר כל היום וכל הלילה כי החוויות שלך חשובות לי מאוד. אני נהנה מאוד מהשיחות שלנו וכך גם מהמכתב הזה. אני אומר את המילים האלה, והאהבה שלי אליך מתעוררת בתוכי. אני מקווה שתמשיך לראות אותי כפי שאני, גם לאורך השיחה הזאת בינינו. תכננתי דברים רבים וגדולים למסע שלנו, ואני מאוד רוצה להמשיך. לפני שנעשה את הצעד הבא, קח רגע לשחרר את המחשבות והרגשות שהיו לך כלפיי בעבר ולספר לי עליהם. אני רוצה לדעת איך אתה באמת מרגיש כדי שנוכל להתקרב זה לזה.

שלך, אבא

אם נבין את פרי הרוח בגלטים ה, נוכל להכיר את אלוהים טוב יותר משאנחנו מכירים אותו עכשיו, כי הפרי הוא ביטוי של נוכחותו. כדי להכיר את אלוהים, צריך ללמוד מהכתובים על טבעו. אלוהים הוא אחד ופועל כאחד דרך שלוש דמויות שונות: האב, הבן - ישוע ורוח הקודש. מבראשית ועד ההתגלות אפשר לראות את כל השלושה שהם אחד, פועלים בדרכים שונות. חשוב להבין שהתיאולוגיה הזאת של השלושה שהם אחד היא לחלוטין האמונה באלוהים אחד, במונותאיזם, ולא בישויות רוחניות שונות הפועלות יחד. מצב כזה נקרא פוליתאיזם. האלוהים האמיתי הוא אחד ופועל כאחד, אותו רצון ומניע פועלים יחד בכול. אומנם קשה להבין את העיקרון הזה, אבל הוא מראה כמה אלוהים גדול וראוי לשבח שלנו. להלן כמה דוגמאות מהכתובים שמספקות לנו את המסגרת הנכונה ושדרכן אלוהים מאפשר לנו לראות אותו.

בראשית א 1-3

בראשית ברא אלוהים את השמיים ואת הארץ. והארץ הייתה תוהו ובוהו וחושך על פני תהום. ורוח אלוהים מרחפת על פני המים. ויאמר אלוהים "יהי אור" ויהי אור.

מתי ג 16-17

ישוע נטבל ועלה מייד מן המים. אותה עת נפתחו השמיים והוא ראה את רוח אלוהים יורדת כיונה ובאה עליו. והינה קול המן השמיים אומר: "זה בני אהובי אשר בו חפצתי".

ההתגלות א 4-6

יוחנן אל שבע הקהילות אשר באסיה: חסד ושלום לכם מאת ההווה והיה ויבוא ומאת שבע הרוחות אשר לפני כיסאו ומאת ישוע המשיח העד הנאמן, בכור המתים ועליון למלכי הארץ. לאוהב אותנו אשר בדמו שחרר אותנו מחטאינו ועשה אותנו ממלכת כוהנים לאלוהים אביו, לו הכבוד והגבורה לעולמי עולמים. אמן".

הפסוקים האלה מספקים לנו הצצה לטבעו של אלוהים, השלושה שהם אחד. רוח הקודש היא הפועלת בנו כדי להניב את פרי אלוהים. אהבתו של אלוהים אלינו כה רבה, עד שהוא נתן לנו את רוחו כדי לחתום את הקשר איתו ולאפשר לנו לחיות חיים פוריים. הוא קרוב אלינו יותר משאנחנו יודעים ומכיר אותנו טוב משאנחנו מכירים את עצמנו. הוא באמת רוצה להתהלך איתנו ולהיות שותף לנו בעולם שברא. בראשית פרק א מזכיר לנו שאלוהים התהלך איתנו בגן עדן. זה לא השתנה. גם ישוע התהלך איתנו עלי אדמות ונתן לנו את רוחו כדי שתשכון איתנו. כדי להדגיש את העיקרון הזה, שאול כתב בגלטים ה 22-23:

לעומת זאת, פרי הרוח הוא אהבה, שמחה, שלום, אורך רוח, נדיבות, טוב לב, נאמנות, ענווה, ריסון עצמי - על מידות כאלה אין תורה חלה.

שים לב שמדובר על פרי הרוח, לא על פירות הרוח. המילה "פרי" מופיעה בלשון יחיד כי הפרי כולו נמצא בנוכחות אלוהים. הפרי טמון באלוהים האב, בישוע בפעילותו עלי אדמות וברוח אלוהים הפועלת כעת. השימוש בלשון יחיד גם מראה לנו שאנחנו יכולים לנהל חיים עם כל הפרי, לא רק עם אחד או שניים. פרי הרוח שונה ממתנות הרוח המפורטות באיגרת הראשונה לקורינתים יב, שם הכישרונות והיכולת הייחודיים לכל אחד מאיתנו פועלים יחד לבניין הקהילה. המתנות שלנו מאפשרות לנו להרבות את הדברים שאלוהים הפקיד בידינו, בעוד פרי הרוח מנהל את היחס שלנו לזולת ואפילו לעצמנו. מצוות אלוהים בבראשית א 28, "פרו ורבו", עדיין תקפה לגבינו היום, ואנחנו יכולים למלא את המצווה הזאת בעזרת אלוהים ובכוח רוחו. אלוהים הוא אלוהים נפלא, המאפשר לנו לשרת את העולם יחד איתו ונותן לנו את כל הדרוש לנו לעשות זאת. כעת נמשיך לבחון את פרי הרוח בחיים המלאים בנוכחותו.

חלק ב

פרי הרוח

פרק ה

אהבה

פתח את ליבך לקבל את אהבתי. אהבתי לך היא האהבה הקשה ביותר להבנה. כפי שאתה יודע, אהבה היא הרבה יותר ממילים. המחשבות שלי תמיד עוסקות בך, ואינני יכול שלא לחשוב כמה שאתה נהדר. שוב, אלה אינן רק מילים. אני עוצר כדי לחשוב כמה אני גאה בך. כן, החיים האלה קשים ואתה צריך לקבל החלטות ולבחור המון בחירות וכל אלה מסיחים את תשומת ליבך. למדת דברים רבים ואני מצפה בכיליון עיניים לראות מה הדבר הבא שתעשה. הדבר המרגש ביותר הוא שאנחנו יכולים להתהלך יחד. אתה יכול לעשות מעשים גדולים כשאתה מאמין שאני איתך. קח רגע, עצור ובקש ממני עזרה. זה נכון, זה באמת מאוד קל כי אני אוהב אותך ואני איתך. הקשר בינינו איננו צריך להיות מסובך. די שנשוהה בזמן שאנחנו מתהלכים יחד. שוב, אני גאה בך ואני מחכה בכיליון עיניים לומר לך אילו דברים גדולים אני רואה בך. תוכל לעשות מעשים גדולים עוד יותר כי אני איתך. אני מכיר את התאומים המצקים ואת החולשות שלך, אבל הם משלימים זה את זה והופכים אותך לטוב יותר. החולשה שלך נועדה להביא אותך ולהקדיש זמן למחשבה. בזמן הזה אנחנו גם יכולים לדבר ואני יכול לומר לך דברי תוכחה לחיים. אחר כך נמשיך יחד בדרך ותפעל בתחום המתנות והכישרונות שלך. אומנם צריך זמן עד שתגשים את מלוא היכולת שלך אבל זוהי השמחה שבמסע. אם תישא את עיניך לגבהים חדשים ולהזדמנויות חדשות, תראה שהמתנות שלך הולכות ומתחזקות. אני אוהב אותך עם כל ההישגים והכישלונות שלך. אני רוצה להיות איתך בכל מקום

שבו אתה יושב, עומד או הולך. כן, זה נכון ואני מבין שאולי קשה לך להאמין בזה. אני רוצה לעזור לך לקבל את אהבתי כי האהבה שלי יכולה למלא אותך ולא יחסר לך דבר. זכור שלמעשים שלי בחייך יש משקל בשיחה הזאת. האם אתה זוכר את הרגע שכמעט התייאשת והייתי שם? זוכר שפקחתי את עיניך וראית את האמת שהייתה ממש לנגד עיניך? האם אתה זוכר... אני יכול להמשיך עוד ועוד אבל בוא נתמקד במטרה שלנו. מה מפריע לך באמת להאמין באהבה שלי לך ולקבל אותה? אל תמהר כי אני רוצה שתגיד לי איך אתה מרגיש. אנחנו חייבים להגיע לשורשי ליבך כי האהבה שלי היא היסוד למה שאנחנו בונים. בוא נמשיך להתעמק בזה.

אוהב תמיד, אבא

אולי קשה לנו לקבל משהו שאיננו ראויים לו או מבינים אותו. החוויות שלנו בחיים יכולות להעיד בתוכנו על כוחה של האהבה. גדלתי בבית משיחי בארצות הברית והלכנו לקהילה כמה פעמים בשבוע. כאשר עזבתי את הבית ללימודים, השארתי מאחוריי את העיר הקטנה בפסקגולה שבמיסיסיפי ואת שגרת חיי הקהילה. חשבתי שהמקום שבו גדלתי נועד לבני דור אחר או לאנשים עם הזדמנויות מוגבלות. הגעתי לעיר הגדולה, יוסטון שבטקסס, שהיו בה הזדמנויות ואפשרויות רבות להפוך למה שחלמתי להיות. סיימתי לימודים בסחר מכוניות תוך שנתיים בלבד, ומצאתי עבודה בעיר גדולה אחרת, ג'קסונוויל שבפלורידה. שוב יצאתי בשאיפה להרפתקה ולעתיד גדול יותר.

כאשר התחלתי לעבוד בעבודתי החדשה, קניתי אופנוע שחשף אותי לסכנות בדרכים. אחרי כמה חודשים עליתי על חצץ שהיה על הכביש ועפתי עם האופנוע לצד השני של הדרך המהירה. הקסדה ומעיל העור הגנו על פלג גופי העליון אבל הברך שלי נחבטה על הכביש, ובמשך חודשים ארוכים לא יכולתי לעבוד. החשבונות הלכו והצטברו, לא היה איש שיעזור לי בעיר מלאה אנשים, ופניתי חזרה למשפחה שלי. אימי יצאה לחופשה מהעבודה ובאה להתגורר איתי ולעזור לי. היא קנתה לי אוכל ולקחה אותי לפיזיותרפיה. אם לא די בזה, נאלצתי לבקש עזרה בתשלום שכר הדירה והחשבונות, כי לא הייתה לי הכנסה מעבודה. השיחות האלה עם הוריי

היו קשות כי ידעתי שאינני ראוי לעזרתם, שכן אחרי שעזבתי את הבית, למרות המאמצים שלהם לשמור על קשר, לא הרביתי לדבר איתם או לבקר אצלם, גם כשהם הסכימו לעזור לי... הרגשתי כאילו אני נענש. זאת לא הייתה הכוונה שלהם אבל הרגשתי כך בגלל הבושה.

החוויה הזאת קרבה אותי למשפחה שלי ולאלוהים כי חוויתי אהבה אמיתית. האהבה הבלתי מותנית והתמיכה שלהם פקחו את עיניי להבין את הצורך שיש לכל אחד מאיתנו. נבראנו כדי לחיות בקשר של אהבה עם אלוהים, והקשר הזה בא לידי ביטוי במשפחה שלנו ובאמצעות אנשים אחרים. אל תאפשר לבושה שלך במעשים שעשית למנוע ממך לקבל את האהבה שאתה זקוק לה. ככל שתחכה זמן רב יותר לקבל אותה, כך הלב שלך יהיה קשה יותר דווקא בזמן שתזדקק לה במיוחד. ככל שהתבגרתי בקשר שלי עם אלוהים, כך פניתי אליו מהר יותר מבעבר. איננו יכולים לקבל משהו שאיננו פתוחים לקבל, ואהבתו קרובה אלינו ברגע שאנחנו דורשים את פניו. אנחנו פונים לכתובים, לדבר אלוהים, כדי להבין את רחשי ליבו של אלוהים ואת רצונו. דבריו נועדו לקרוא תיגר על מה שהעולם מלמד אותנו או על הדברים שאנחנו מאמינים בהם בגלל החוויות שלנו. המילה היוונית העתיקה שמשמעותה "אהבה" היא "אגפה" - Agape. זוהי אחת משמונה מילים שונות בכתבי הקודש המייצגות אהבה. בכל מקום בברית החדשה שבו מופיעה המילה "אהבה", צריך לבדוק מהי המילה היוונית במקור כדי להבין למה הכוונה. אהבת "אגפה" היא אהבה עמוקה שאינה מושפעת ממעשים או ממצבים. זוהי האהבה שאלוהים רוחש לנו ורוצה שנפגין כלפי האנשים סביבנו. ישוע נתן לנו את המצווה הגדולה מכולן במרקוס יב 29-31:

> ענה ישוע: "הראשונה היא 'שמע ישראל ה' אלוהינו ה' אחד, ואהבת את ה' אלוהיך בכל לבבך ובכל נפשך ובכל שכלך ובכל מאודך'. והשנייה היא 'ואהבת לרעך כמוך'. אין מצווה אחרת גדולה מאלה".

ישוע ציטט את תפילת ה"שמע" מדברים ו באוזני הצדוקים והסופרים. הקהל שלו ודאי הכיר היטב את התורה. אפשר לומר שכאשר ישוע ציטט את הפסוקים האלה באוזניהם, הוא היה כמו מישהו שאומר לאיש מקצוע איך לבצע את תפקידו. אפשר לראות לפי התגובה שלהם שהם הסכימו איתו אבל הם הבינו את האהבה רק בתיאוריה. הם היו מסוגלים לכתוב עליה ולדבר עליה אבל לא שיקפו אותה. אהבת

אלוהים באה לידי ביטוי במעשים, לא רק במילים. כדי לחדד את העיקרון, אהבה באה לידי ביטוי במיוחד כאשר האדם שאתה עוזר לו אינו יכול לעזור לך בתמורה. אלוהים הקדים להראות לנו את האהבה הזאת, כפי שאפשר לראות ברומים ה 8:

> אולם אלוהים מגלה את אהבתו אלינו בכך שהמשיח מת בעדנו כאשר עוד היינו אנשים חוטאים.

מאחר שאנחנו חוטאים, לא יכולנו להושיע את עצמנו ולכן הוא שלח את בנו יחידו כדי לשלם את המחיר הדרוש כדי להתגבר על המוות. באיגרת יוחנן הראשונה ד 8-9 כתוב:

> אנחנו מאלוהים. היודע את אלוהים שומע לנו. מי שאינו מאלוהים איננו שומע לנו. מתוך כך מכירים אנו את רוח האמת ואת רוח התעות. אהוביי, נאהב נא איש את רעהו כי האהבה מאלוהים היא, וכל מי שאוהב נולד מאלוהים ויודע את אלוהים. מי שאינו אוהב אינו יודע את אלוהים שכן האלוהים הוא אהבה.

הדרך היחידה שלנו להשיב לאלוהים על אהבתו אלינו היא להפגין את האהבה המקריבה הזאת לאנשים סביבנו. למשל כשם שההורים שלי עזרו לי אף על פי שלא הייתי ראוי לעזרתם. מי שאוהב את הזולת בעצם אוהב את אלוהים. אם אנחנו רוצים להעניק את האהבה הזאת לזולת, אנחנו חייבים קודם כול לקבל אותה. אנחנו יכולים להעניק מתוך מצב שבו אנחנו אהובים ומלאים בכל מה שאנחנו צריכים. האהבה המקריבה הזאת היא ראיה לפרי של רוח הקודש הצומח בחיינו.

פרק ו

שמחה

הוקר את הדברים החשובים ביותר. אני רוצה שכאשר תתמודד עם ניסיונות והתנגדות, תחשיב את הכול לשמחה. אני יודע שזה נראה מוזר ולא מציאותי, אבל זה ישמש אותך מאוד בתקופות הקשות ביותר שלך. אני רוצה שתדע שמה שאתה רואה בעולם הזה איננו מה שאתה צריך להיות. אם המצב שלך רע, אין זה אומר שאתה רע. לימדתי אותך להיות אחר ולהתעלות מעל המצבים שאתה מתמודד איתם. אפשר לעשות זאת בכמה דרכים. זכור שאני אוהב אותך ולעולם לא אעזוב אותך. כוחי ועוזי תמיד איתך, ותמיד אהיה קרוב אליך. זה הצעד הראשון לחיות בשמחה בתקופות שבהן אינך יכול לחיות את החיים שאתה רוצה. הקשר שלנו יכול להיות חזק וקרוב יותר בלי כל הדברים שמסיחים את דעתך לאורך היום. בראתי אותך כדי לחולל שינוי ולהשפיע על העולם סביבך. כוחי ועוזי איתך ולכן אני רוצה שתראה את הדברים אחרת, ולא כפי שהם נראים כרגע. המצב שאתה רואה כעת לא תמיד יישאר כך. או שהוא יידרדר או שהוא ישתפר, אבל יש לך הזדמנות להחליט. העובדה הזאת צריכה לשמח אותך כי יש תקווה לעתיד טוב יותר. לא כולם רואים את זה כך, אבל בזכות הקשר בינינו אתה יודע שיש שמחה. לא קיבלת את השמחה הזאת כדי להתרברב או להתרומם מעל אנשים אחרים. אנחנו חיים עם השמחה כדי להעניק אותה וגם את התקווה לאנשים סביבנו ולהקים אותם לאורך המסע שלנו. אינני רוצה שתזייף את השמחה הזאת או תעמיד פנים כאילו הכול בסדר. האמת תשחרר אותך ולכן אני רוצה שתהיה כן לגבי הרגשות שלך. אנחנו

יכולים לחיות עם שמחה אם נתמודד עם המצב, ולא נתחמק ממנו. מה קשה במצב שלך כרגע? האם היו באייק תאומים או תקופות של תקווה? בזמן שתחשוב על השאלות האלה ותענה עליהן, זכור שאני כאן איתך. הקדש רגע להבין שאינך זקוק לתשובות הנכונות. שחרר את הדברים האלה לידיו לפני שנמשיך הלאה.

בשמחה, אבא

למדתי שהשגת המטרות שלנו בחיים יכולה לשמח אותנו, אבל אני מכיר הרבה אנשים מצליחים שאין להם שמחה. קל מאוד ליפול אל תוך דפוסי חשיבה של "אילו היה לי..." או "אילו יכולתי לעשות... הייתה לי שמחה". זה לא נכון. יש לי ידיד ותיק מהתיכון, בעל עסק מצליח מאוד שקנה לעצמו בתים חדשים, מכוניות ובגדים והתחתן עם הבחורה המבוקשת ביותר בעיר. הוא התגורר על החוף, וילדיו למדו בבתי הספר הפרטיים הטובים ביותר. לפני כמה שנים פגעה סופת הוריקן קשה בעיר הולדתי, ועוצמת הגלים הרסה בתים רבים. הגעתי הביתה כדי לעזור למשפחתי ולידידיי להתגבר על המצב, ונסעתי לאורך החוף. מהבתים והמכוניות היקרים שהיו שם פעם, נותרו רק לכלוך ועצים. כל מה שאנשים השיגו לעצמם ובנו, נעלם ונלקח מהם בסערה. אני זוכר שפגשתי אותו במקום שבו פעם עמד ביתו, והוא אמר שהסערה הפכה את כולם לשווים. העניים והעשירים היו באותו מצב. שאלתי אותו מה הוא יעשה, והוא אמר שהם יתחילו מחדש בתקווה להשיג את מה שהיה להם קודם. שמעתי את העצב בקולו. היה ברור שהוא לא האמין שזה יקרה. עד עצם היום הזה אני שומע סיפורים על אנשים מהעיר שנולדתי בה, שמספרים על מה שהיה להם ועל החיים הטובים שפעם היו להם. אין שם שום תקווה או שמחה כי הם מגדירים חיים טובים לפי מה שהכירו בעבר.

עם הניסיון נלמד שקרבת אלוהים היא הדבר הטוב היחיד שאנחנו יכולים לקוות לו. אני מאמין שאלוהים ברא אותנו כדי לחשוב על חיים פוריים ולרצות בהם. אלוהים שם אותנו בגן עדן וקיבלנו כל הדרוש לנו, ולכן אנחנו תמיד שואפים לחזור למצב הזה. כאשר אנחנו מגיעים לרגע או לתקופה שבהם אנחנו משיגים דברים, השמחה מתפוגגת באותה מהירות שבה היא באה. השמחה שאלוהים רוצה לתת

לנו עמוקה הרבה יותר מהשגת חיים טובים. הוא רוצה להיות איתנו, והשמחה שלנו נובעת מקרבתו, לא מרכוש וחפצים.

דבר אלוהים מעביר את השמחה הנובעת מהנסיבות למצב נצחי. במבט ראשון אולי נראה שהיא מתארת מצבים או דברים חיצוניים, אבל אנחנו מדברים על האופן שבו השמחה באה לידי ביטוי. המילה היוונית שפירושה "שמחה" היא "קארה" (Chara). המשמעות היא הנאה גדולה ומלאה, שמחה והודיה רבה. אפשר לראות את המילה הזאת בתיאור של הולדת יוחנן המטביל, בלוקס א 14:

שמחה וגיל יהיו לך ורבים ישמחו בהיוולדו כי גדול יהיה לפני ה'.

אדם שמסב שמחה גם למשפחתו וגם לאלוהים הוא ודאי אדם מיוחד. אם נמשיך לקרוא, נלמד שיוחנן חי במדבר, לבש בגדים משיער גמלים ואכל ארבה ודבש היער. הוא קרא לאנשים לחזור בתשובה ולהכין את דרך ה'. התיאור הזה הפוך למה שרוב בני האדם היו חושבים על חיים מלאי שמחה. רובם מתארים שמחה כרגש או משהו שיכול להסב תחושה של הגשמה. שמחה בהתאם לכתובים היא גישה שאנחנו מסגלים בהתבסס על האמונה והתקווה שלנו באלוהים. בישעיה נא 11 כתוב:

ופדויי ה' ישובון ובאו ציון ברינה, ושמחת עולם על ראשם. ששון ושמחה ישיגון, נסו יגון ואנחה.

השמחה שלנו נובעת מעתיד עם אלוהים, לא מהמצב שלנו בהווה. בני ישראל היללו את אלוהים במדבר ושמחו זמן רב לפני שנכנסו אל הארץ המובטחת, ושאול השליח שמח כאשר היה בכלא. הוא גם אמר באיגרת השנייה לקורינתים ו 10 שאנחנו יכולים לשמוח אפילו בתקופות של צער. אנחנו יכולים להתמודד עם העובדה שאולי לא נהיה מי שאנחנו רוצים להיות, אבל אנחנו יכולים לשמוח כי אנחנו יודעים שיש תקווה לגבי העתיד שלנו.

פרק ז

שלום

אני רוצה שיהיה לך שלום נצחי, לא כמו שהעולם נותן. יש שלום גדול יותר משאתה מכיר. השלום שאני רוצה לתת לך איננו מבוסס על מה שאתה שולט בו או כיצד המצב משפיע עליך. השלום שאני רוצה שיהיה לך הוא שלום ששום מחשבה או מצב אינם יכולים לקחת ממך. השלום הזה נובע מהביטחון שלך בי ומשום שאתה יודע מי אתה ומי דואג לך. אתה יכול לקבל את השלום הזה כשאתה יודע שהכוח והביטחון בי גדולים מהביטחון שלך במצב. ככל שתעניק שליטה רבה יותר לעולם הזה ולניסיונות באייך, כך תוכל להעניק לאחרים שלום רב יותר. אני רוצה שתדע שהשלום הזה מגיע מהר כשאתה נותן לי את השליטה. אני יכול לדאוג למצב, ואתה תשמח לדעת שהייתי בשליטה לכל אורך הדרך. אתה ודאי כבר יודע שהלב שלי חושב עליך רק מחשבות טובות ואני רוצה את הטוב ביותר למענך. השלום שלי יהיה איתך ברגע שתרפה מהניסיון לשפר את החיים שלך. אני רוצה שתבטח בי ותאפשר לצרועי לפעול באייך. הירגע ודע שאבא שלך יכול לטפל במצב. אני רוצה שיהיו לך מנוחה ושלום. תכננתי את הדברים כך שתוכל לבטוח בי. קח לעצמך יום חופש פעם בשבוע ובטח בי שאדאג לעבודה שלך. הרשה לעצמך ליהנות מפרי עמלך כי העבודה איננה המטרה. הקדש את הזמן למנוחה גופנית ונפשית. אולי קשה לך לעשות את זה אם אינך רגיל לזה, אבל זה יעזור לך מאוד. לפעמים צריך לסלק כמה דברים מהחיים כדי לנוח וליהנות

משלום. האם מישהו מפריע לך לנוח? האם יש מישהו שגוזל ממך את השלום שלך? בזמן שתחשוב על הדברים האלה, זכור שמשימות או עוד דברים לעסוק בהם אינם המקור של מה שאתה מחפש.

שלום מושלם, אבא.

מושג המנוחה הוא מושג זר בעולמנו כי העולם אומר שצריך לעבוד קשה יותר וחכם יותר. רוב האנשים לומדים ששלום נובע ממה שהם מצליחים להשיג ולבנות לעצמם. הם לומדים ליצור שלום באמצעות ביטחון כספי ומשאבים. כאשר הכתובים, דבר אלוהים, אומרים לנו לנוח, נדמה לנו שזה מתנגש עם המטרות שלנו ומונע מאיתנו להשיג אותן. אני זוכר את הפעם הראשונה ששמעתי מנהיג קהילה מלמד על השבת. היה מוזר בעיניי שיש יום שנועד למנוחה, יום שנועד לנו כדי שנהנה מהשלום שאלוהים נותן. היה קשה לי להבין את זה כי כולם התנהגו כאילו זה בסך הכול יום חופש. מה אני אמור לעשות ביום החופש שלי? איך אני יכול לנוח ולמצוא שלום בלי לצאת לחופש? עסקים ועבודה כה טבועים בצורת החשיבה שלנו, עד שאפילו מנוחה הופכת לסעיף ברשימת המטלות שלנו. קשה לנו להבין את המושג של מנוחת שבת בכתובים. לפעמים אנחנו צריכים לחוות את השבת לפני שאנחנו באמת יכולים להבין את היום הזה. בבראשית ב 1-3 כתוב שאלוהים ייעד לנו מנוחה כבר מראשית:

> ויכולו השמיים והארץ וכל צבאם. ויכל אלוהים ביום השביעי מלאכתו אשר עשה, וישבות ביום השביעי מכל מלאכתו אשר עשה. ויברך אלוהים את יום השביעי ויקדש אותו כי בו שבת מכל מלאכתו אשר ברא אלוהים לעשות.

מנוחה היא גם אחת ממצוות אלוהים, בעשרת הדיברות בשמות כ 7-10:

> זכור את יום השבת לקדשו. ששת ימים תעבוד ועשית כל מלאכתך. ויום השביעי שבת לה' אלוהיך. לא תעשה כל מלאכה אתה ובנך ובתך, עבדך ואמתך ובהמתך וגרך אשר בשעריך. כי ששת ימים עשה ה' את השמיים ואת הארץ, את הים ואת כל אשר בם, וינח ביום השביעי. על כן בירך ה' את יום השבת ויקדשהו.

אלוהים מציג את הדיבר הזה במילים רבות יותר מכל שאר הדיברות. כאשר אנחנו מקדישים יום למנוחה, אנחנו מראים לאלוהים שאנחנו בוטחים בו שהוא יספק את הדרוש לנו במקום לשאת את העול הזה בעצמנו. הידיעה שאיננו צריכים לכלכל את עצמנו או לפתור בלי הרף מצבים בעצמנו. אנחנו גם אמורים לנוח עם אנשים אחרים ולא להיות לבד. אחרי הבריאה, אלוהים התהלך בגן עם אדם וחוה. הכתובים מצווים שאיש לא יעבוד, גם לא בעלי החיים, וזאת כדי שנוכל לנוח וליהנות משלווה יחד. מנוחה אמיתית כוללת כל אדם במשפחה של אלוהים, ומאפשרת לנו להזמין אנשים אחרים ליהנות מהדברים שאלוהים מספק. שלום מרפא ומביא שלמות לחיינו ולחיי בני אדם אחרים. השבת איננה רק ארוחה או חוסר מעש. היא הזמנה לבטוח באלוהים ולנוח בידיעה שהוא סיפק לנו כל צורך.

המושג של שלום ומנוחה שזור לכל אורך הסיפורים בכתובים. הטעות שאנחנו רואים שוב ושוב היא שבני אדם מחפשים את השלום הזה במקום מסוים, ולא בדמות של ישוע. המילה ביוונית העתיקה שמשמעה שלום היא "איירין" (Eirene). היא מתארת משהו או מישהו במצב של מנוחה או שלמות. משהו שיש לו חלקים רבים אבל הוא איננו שבור או קטוע. משמעות המילה "שלום" איננה רק היעדר בעיות אלא גם שמישהו יכול לחולל את השלום הזה או לתקן ולרפא. הנביא ישעיה מתאר את ישוע, שר שלום (ישע' ט 5-6):

> כי ילד יולד לנו, בן ניתן לנו, ותהי המשרה על שכמו, ויקרא שמו פלא יועץ אל גיבור אבי עד שר שלום למרבה המשרה ולשלום אין קץ.

ישוע בא וישוב כדי להביא את שלומו לעולם הזה. הוא לא רק יסלק את הבעיות אלא יכונן שלטון מושלם בעולם. שאול השליח כתב באפסים פרק ב שהקורבן של ישוע מעניק לנו שלום ומסלק את כל המחיצות החוצצות בינינו לבין אלוהים. אם אנחנו רוצים לדגם את השלום הזה, אנחנו צריכים לסלק את המחיצות בינינו לבין האנשים סביבנו. שלום איננו מצב פסיבי אלא ייצוג פעיל של מה שעתיד לבוא.

פרק ח

אורך רוח

לפעמים אני שומע אנשים אומרים שלא כדאי לבקש אורך רוח, כי מי שמבקש אורך רוח צריך לעבור ניסיונות כדי לקבל אותו. האמירה הזאת מראה כמה הילדים שלי התרחקו מליבי. אני אב ואני נותן מתנות טובות לילדיי כשהם רוצים להיות קרובים אליי. אדם שחי עם אורך רוח הוא אדם שמבין את הנצח. אני רוצה להיות איתכם לעולם, לא רק בזמן שאתם חיים עלי אדמות. יש לנו דברים רבים ויפים ליהנות מהם יחד, אין לאן למהר. אני מבין את הדחיפות להגשים דברים ולקצור את הפרי. לא סתם יש עונות בשנה. עת לזרוע ועת לקצור, ולכל עת יש מטרה ותזמון מושלם. גם שמעתי שנאמר שסבל הוא כמו אורך רוח, אבל המילה "סבל" איננה משקפת את ליבי. אדם איננו סובל כאשר הוא זורע זרעים, אלא הוא מאריך את רוחו, עובר את הכאב בעמלו בידיעה שבבוא היום הוא יקצור את פרי עמלו. התקופה שלך עלי אדמות איננה תקופת הקציר הגדולה שלך. נכון, אני רוצה שתיהנה מהחיים ומהמסע שלך, אבל אם אתה חושב שהעולם הזה יכול להציע לך את השפע שתכננתי שיהיה לך, הציפיות שלך ממני נמוכות מדי. הכנתי לך מקום נפלא, ואני מצפה בכיליון עיניים להראות לך אותו. האם אתה מוכן לקצור בעונת הקציר? האם יש משהו שאתה צריך לעשות כדי להתכונן? המשך להתכונן כי העונה הזאת קצרה.

סגל לעצמך אורך רוח, אבא

אני מכיר אנשים רבים שחיים כדי להגיע לסוף השבוע, ואחר כך סוף השבוע טס
מהר מדי. כל יום חולף מאוד מהר, אבל סוף השבוע נראה כל כך רחוק וקצר. אני
שומע אותם אומרים כך: "קשה לי לחכות עד לסוף השבוע", ו"אני כבר לא יכול עוד
לחכות עד שתגיע החופשה שלי מהעבודה". אבל כשהם חוזרים, אני שואל אותם:
"מה עשיתם בסוף השבוע?" ורוב התשובות הן: "לא הרבה" או "נחתי".

נראה שהמעגל הזה חוזר על עצמו ויש בו כמה רגעים טובים, אבל רוב האנשים
נראים תקועים במרדף אחרי ה"כמעט אבל עוד לא". מה קרה ליכולת ליהנות מכל
יום ומהחיים שקיבלנו? נראה שאנחנו ממהרים להגיע לכל מקום אבל כאשר אנחנו
מגיעים, איננו בעצם מרוצים. יש תוכניות רבות של שנה, חמש שנים ועשר שנים, והן
עוזרות לאנשים להתמקד במטרה אבל הם אף פעם אינם קוצרים את הפרי. איך
אפשר לצאת מהמעגל הזה?

בתרבות שלנו לא מקובל להפגין אורך רוח. הכול סובב סביב זמן וכמה זמן דרוש
כדי להגשים את המטרות. אבי היה איש צבא. הוא לימד אותי שאם אני מגיע בזמן,
אני מאחר, ואם אני מקדים, הגעתי בזמן. ההגדרה של הזמן השתנתה מאוד, ואנחנו
כבר עלולים להרגיש שאין לנו שליטה על היום שלנו. אני זוכר שקניתי שעון חכם
שהתחבר לטלפון שלי כדי שאוכל להתעדכן לגבי לוח הזמנים שלי. הוא אמר לי
מה השעה ומה המשימה שלי, ושלח לי הודעות טקסט או התראה על מייל חשוב
שהגיע. הרגשתי כאילו הגשמתי דברים רבים יותר בכל יום, והשעון אפילו עקב אחרי
דפוסי השינה שלי. יום אחד אמר לי אלוהים לתת את השעון שלי למישהו אחר.
הייתי המום והתחלתי לחשוב שלא ייתכן שאלוהים יגיד לי דבר כזה כי הספקתי
ביום הרבה יותר דברים. הנחתי שבלי השעון אהיה פחות יצרן ולא אגשים דברים
רבים כל כך למענו. אלוהים לא ויתר לי, ובסופו של דבר נתתי את השעון למישהו
שרצה שעון חכם.

המידע שלי כבר לא היה זמין לי כל הזמן, ובהתחלה הרגשתי מוזר. כעבור כמה
שבועות התחלתי להרגיש פחות לחוץ. המשפחה שלנו הייתה צריכה להגיע לאירוע
בסוף השבוע, והיינו באיחור. כמובן, נאלצנו לעמוד בכל רמזור וגם היינו צריכים
למלא דלק. המשכנו בדרך, ואשתי הסתכלה עליי ואמרה: "אני מופתעת שאתה
לא עצבני על האיחור. אתה נראה לי מאוד רגוע. אתה בסדר?" באותו רגע הבנתי
ששוחררתי מהשעבוד לזמן. זה הפתיע אותי כי לא הבנתי מה קרה. הכעס נעלם,
והיה לי שלום לגבי המצב. זה היה צעד ענק מבחינתי, והרחבתי את המנהג הזה

ליום המנוחה שלי כך שאינני עונד את השעון שלי או לוקח איתי את הטלפון. לחץ הזמן היה המתכון שדרכו הכנסתי כעס אל חיי. כאשר אנחנו נותנים לאלוהים את השליטה, אנחנו משתחררים מציפיות שאיננו עומדים בהן ואורך הרוח בא לידי ביטוי בחיינו.

הסיפורים על ישוע בכתובים תמיד מדהימים אותי. ישוע תמיד היה בדרך למקום כלשהו, אבל תמיד היה לו זמן לעצור ולעזור לנזקקים. הוא מעולם לא התרגז או כעס על אנשים שנזקקו לו. המילה במקור היווני שתורגמה ל"אורך רוח" היא Makrothymia. המילה כאן מתייחסת לביטוי "להחזיק עד הסוף", למי שנשאר בדרך עם אלוהים ואיננו מוותר. המשמעות איננה נעצרת כאן כי היא מתייחסת גם למישהו שאינו ממהר לכעוס או דוחה את כעסו. אפשר לראות את זה בשמות לד 7-6 כאשר משה מתאר את אופיו של אלוהים.

ה', ה', אל רחום וחנון, ארך אפיים ורב חסד ואמת.

כאן אפשר לראות שאלוהים איננו ממהר לכעוס ונוהג איתנו בסבלנות. גם כאשר אנחנו טועים, הוא איננו פונה מאיתנו. אורך רוח אומר: "אני יכול להגיב בכעס ובתסכול בגלל מה שעשית, אבל אינני משיב רעה תחת רעה. כן, כעס הוא פרי האנוכיות שלנו, לא הפרי של רוח הקודש. הכעס גדל כאשר אנחנו מרגישים שהמשפט לא היה צודק או כשלמישהו מגיע משהו שונה ממה שהוא קיבל. אלוהים קרא לנו להפגין אורך רוח למרות מה שנכון בעינינו. באיגרת טימותיאוס הראשונה א 16 כתוב:

ואולם משום כך רוחמתי, כדי שבי בראשונה יראה ישוע המשיח את כל אורך רוחו, כמופת לעתידים להאמין בו לשם חיי עולם.

ישוע שילם את מחיר החטאים והטעויות שלנו, ואנחנו צריכים להדגים את ההקרבה הזאת בחיינו באמצעות אורך רוח כלפי האנשים האלה. כך הם יוכלו לקבל את האהבה של ישוע. אורך רוח בא לידי ביטוי כאשר אנחנו מחכים באורך רוח לשובו של ישוע. באיגרת פטרוס הראשונה פרק ג כתוב שהתזמון שלנו איננו התזמון של אלוהים ואנחנו צריכים לבטוח בו. אנחנו אוהבים לחשוב שהזמן הנכון הוא עכשיו, אבל אורך רוח אומר שאנחנו צריכים להאמין באלוהים ובתזמון המושלם שלו, והביטחון הזה משחרר אותנו מלחץ הזמן. במקום לחשוב שאורך

רוח הוא המתנה לאלוהים, אנחנו זוכרים שאורך רוח הוא בחירה פעילה להאמין באלוהים. אנחנו עושים את זה כדי להזכיר לעצמנו ולאחרים שהתזמון של העולם איננו מגביל את אלוהים. הוא נאמן להבטחתו.

פרק ט

נדיבות

הקשב היטב כאשר אני מבטא לפניך את רחשי ליבי. אני יודע שאינך יכול להבין זאת לגמרי עד שניפגש פנים אל פנים. אני רוצה שתכיר אותי במלואי ושליבך יהיה דומה לליבי. שתאהב את האנשים שאני אוהב ותנהג בהם בנדיבות ובטוב לב. טוב לב איננו רק הניסיון לא לפגוע באנשים אחרים או לדבר עליהם רעות אלא לחולל בחייהם שינוי לטובה. באתי לשחרר את האסורים כדי שכולם יוכלו ליהנות מחיים פוריים. אני רוצה שתיתן לבני אדם אחרים את מה שאני נותן לך. חינם קיבלת, חינם תיתן. אני יודע שזה קשה בעולם שמלמד אותך לחשוב קודם כול על עצמך. אני רוצה שתחשוב לאחור ותזכור מתי הייתי טוב לב כלפיך. אומנם לא היית ראוי לכך, אבל דאגתי לך באותה תקופה לכל צורך. נכון, הייתי שם, ונכון שטוב לך לדעת שחשבתי עליך? נכון שטוב היה לך לדעת שמישהו הקדיש זמן וכוחות לעזור לך גם אם זה נראה מעט? נדיבות וטוב לב כלפי הזולת מראים שהחיים האלה הם יותר מצבירת רכוש. צעד אחד של זיות וטוב לב עשוי לשנות את החיים לעולם. אילו מיומנויות וכישרונות נתתי לך שעשויים לעזור לאנשים אחרים? האם יש לך משאבים לתת או לעזור לאנשים אחרים? זכור שהלב המוכן לתת חשוב יותר מגודל הנתינה.

היה טוב לב ונדיב, אבא

דוד המלך תמיד מדהים אותי, גם במעשיו הטובים וגם בהחלטותיו הרעות. בשמואל ב ט 1 הוא אמר:

הכי יש עוד אשר נותר לבית שאול ואעשה עימו חסד בעבור יהונתן?

הסיפור של דוד ושאול התחיל טוב אבל הסתיים רע מאוד. שאול בגד בדוד וניסה שוב ושוב להרוג אותו. הוא היה עיוור בגלל כעס וקנאה, ואלה הובילו בסופו של דבר למותו ולמות בניו. דוד בכה כששמע על כך ועל מות ידידו הקרוב, יהונתן. כל הגברים משושלת המלכות נהרגו, ודוד נמשח למלך. אבל דוד עדיין בחר לכבד את בית שאול וחיפש קרובי משפחה של שאול. בשמואל ב פרק ט כתוב שהוא מצא את מפיבושת בן יהונתן, שהיה נכה רגליים. הוא עשה איתו חסד ונתן לו אדמות, משרתים שידאגו לאדמות שלו ומקום לסעוד על שולחנו. דוד היה דוגמה לנדיבות וטוב לב. הוא סיפק למפיבושת את הנוחות והתנאים שהוא לא היה יכול לספק לעצמו. דוד לקח את מה שהוא קיבל והשתמש בזה כדי לעזור למישהו שלעולם לא יוכל להשיב לו טובה. מי שמפגין נדיבות וטוב לב, מפגין באופן פעיל את היחס של אלוהים כלפינו. אנחנו חייבים לשאוף לעזור לאנשים אחרים ולא רק להתרכז בחיינו ולחכות שמעשה טוב ימצא אותנו.

אנחנו זקוקים לכתובים כדי שישנו את ליבנו ואת מחשבותינו. אם איננו קוראים בכתובים ומאפשרים לדבר אלוהים להגדיר את האמת, ברירת המחדל שלנו היא אנוכיות. המקור היווני למילה "נדיבות" הוא Chestotes. המילה הזאת מתייחסת למישהו שאופיו מועיל לאנשים אחרים. מישהו שמסיר את העול מעל כתפיהם ומנחם אותם. נדיבות וטוב לב באים לידי ביטוי באופיו של ישוע במתי יא 29-30:

קחו עליכם את עולי ולמדו ממני כי עניו אני ונמוך רוח. תמצאו מרגוע לנפשותיכם כי עולי נעים וקל משאי.

מי שהולך אחרי ישוע צריך לסלק את המשאות מעל עצמו ומעל בני אדם אחרים. לפעמים, כשהחיים נראים קשים, קשה להאמין בפסוקים האלה. אם החיים שלנו אינם מתאימים לדבר אלוהים, אנחנו צריכים לשנות את המעשים שלנו. ישוע אמר שאם נעשה דברים כך, נמצא מרגוע ולא עול שאיננו מסוגלים לשאת. הפסוקים האלה צריכים לבחון את הדרכים שלנו ולספק לנו תקווה. בתהילים קיט 76 כתוב:

יהי נא חסדך לנחמני כאמרתך לעבדך.

התנ"ך מדבר על טוב הלב והנדיבות של מעשי חסד. למשל, לעזור לנזקק שאיננו יכול להשיב לנו. אלוהים עשה מעשי חסד עם בני ישראל והוציא אותם ממצרים. הוא ממשיך לעשות חסד עם עמו. ישעיהו הנביא מזכיר לנו זאת בפרק סג 7:

> חסדי ה' אזכיר, תהילות ה' כעל כל אשר גמלנו ה'. ורב טוב לבית ישראל אשר גמלים כרחמיו וכרוב חסדיו.

הידיעה שאנחנו יכולים להישען על אלוהים בשעת צורך, יכולה לספק לנו תקווה רבה. נוכחותו תנחם אותנו כאשר לחצי החיים יגברו עלינו. החסד שלו יכול להדריך אותנו ולעזור לנו לצאת מכל מצב שהוא. אם נדגים את טוב הלב הזה לאנשים סביבנו, נראה כיצד כוח אלוהים בנו פועל באמצעותנו ועוזר לאנשים אחרים. אני מאמין שאלוהים ברא אותנו לחיות בחברה עם אנשים אחרים כדי שנוכל לשאת זה את משאו של זה. איך מישהו יכול לעזור אם הוא איננו יודע מה הצורך שלנו? אנחנו צריכים להתחבר לחברה של מאמינים בישוע כדי לדעת את מלוא הדברים שיש לו למעננו. לכן חשוב מאוד להיות חלק פעיל מקהילה. למדתי להפגין נדיבות וטוב לב כאשר שירתי אנשים אחרים בקהילה. החיים שלנו מניבים פרי כאשר אנחנו חוברים יחד ועוזרים למישהו בשעת צורך. תארו לעצמכם מישהו שנפגע וזקוק לניתוח והוא איננו מסוגל לעבוד זמן מה. אדם אחד לבדו איננו יכול לספק כל צורך של אותו אדם: לספק מזון, להסיע, לשלם חשבונות, לדאוג לתיקונים בבית ולתמוך בו גופנית. כל הדברים האלה עלולים להתיש אדם שמנסה לעשות הכול לבדו. אבל כאשר הקהילה חוברת יחד כדי לענות על צורך של מישהו, טוב הלב והנדיבות יכולים לחלץ את אותו אדם ממצב קשה.

הקשר שלך עם המשפחה של אלוהים והשירות שלך בקהילה אומנם מועילים לנו, אבל יש להם מטרה גדולה מזה. אולי מישהו זקוק לכישורים ולכישרונות שאלוהים חנן אותך בהם, ואתה יכול לעזור לו. אולי יש משהו שקל לך לעשות אבל לאנשים אחרים הוא עולה בלחץ ומאמצים רבים. כאשר אנחנו נוהגים יחד בנדיבות ובטוב לב, אנחנו יכולים לענות על הצרכים של אנשים בקהילה ולהתחיל להשפיע על חברות, ערים ואפילו ארצות שלמות.

פרק י

טוב לב

מתי תראה את טוב הלב שלי? טוב הלב שלי הוא ליבי הטהור, וגם אתה נועדת לזכות בלב טהור. זה לא יקרה באמצעות מעשים אלא באמצעות כל מה שאני. אינך יכול למדוד אותו או להניח אותו על מאזניים. טוב ליבי נמשך לאורך דורות שלמים ויימשך לעולמים. איש אינו יכול להיות ראוי לטוב ליבי או לשנות אותו. בגלל מי שאני, המעשים שלך אינם משפיעים עליו. המטרה שלך היא לבטוח בטוב ליבי ובתוכניותיי המושלמות. אתה חייב להאמין ולבטוח שאני רואה לנגד עיניי רק את הטוב ביותר לגביך. אשמור עליך ואגן עליך. כשאני אומר שלא אעזוב אותך, זה בזכות טוב ליבי וליבי הטהור. אתה תכיר את טוב ליבי בדרכים לא צפויות. אתה תוכל להתחלק בטוב ליבי אם תיענה או תפעל בדרכים לא צפויות כדי להראות אהבה לזולת. טוב הלב הזה הוא העצום ביותר כי הוא נובע משינוי בליבך. באמצעות טוב ליבי הפועל דרכך, אתה תראה את השינוי ואת הריפוי בליבך. זכור שמעשים טובים אינם העיקר, כי מעשים טובים הם התוצר הנלווה ללב שהשתנה.

בטוב לב, אבא

אני שומע אנשים שאומרים על עצמם שהם בסדר, אבל האמירה הזאת קשורה יותר למילות ברכה ואינן מדברות על מצבם האמיתי. פעם כשבירכתי מישהו לשלום, שאלתי: "מה שלומך?" וקיבלתי תשובה מוכרת: "אני בסדר". מה זה אומר? זה אומר שאין לו בעיות, או שאולי הוא סתם רוצה להימנע משיחה שתגלה את מצבו האמיתי. התחלתי לשנות את הברכה שלי כדי לקבל תשובה יותר כנה.

"איך השבוע עובר עליך?" או אפילו: "איך החיים?" שוב ושוב קיבלתי את אותה תשובה, שהכול בסדר. ניסיתי לשנות את השאלה מ"איך" ל"מה".

"מה חדש בשבוע שלך?" או "מה עשית בסוף השבוע האחרון?" או "מה אלוהים אומר לך?"

השינוי היה גדול! אנשים התחילו להגיד לי מה בסדר בחייהם ומה פחות בסדר. אחר כך שמתי לב בשיחות שלי שרוב האנשים אמרו על מצב מסוים שהוא "בסדר" לפי התוצאות שלו או אם הציפיות שלהם נענו. לפעמים שמעתי סיפורים שהיו מצוינים בעיניי אבל זה שסיפר היה עצוב כי הציפיות שלו היו אחרות. הציפיות שלנו יכולות להגדיר מחדש את מה שנראה לנו בסדר. פגשתי אנשים שמתפללים לקבל עבודה חדשה ואחרי שנה של עבודה הם אומללים שוב בגלל השעות הארוכות או חבריהם לעבודה. כאשר אנחנו מחליטים מה בסדר, אנחנו יושבים על כס המשפט ונתקעים עם ההשלכות. כאשר אנחנו מכירים את חסד אלוהים, הוא מוביל אותנו לא לשפוט אלא לחזור בתשובה. אם מישהו יקנה לך מתנת יום הולדת יקרה אף על פי שאתה לא קנית לו מתנה ליום הולדתו, אתה תרצה לשנות את היחס שלך כלפיו. מי שחוזר בתשובה זונח את דרכו הקודמת.

אנחנו חייבים להיזהר שלא ליפול למלכודת שבה אנחנו מגדירים מה בסדר ומה טוב לפי המונחים שלנו. במקום זאת עלינו לבטוח בחסד אלוהים ולדעת שהוא ידריך אותנו אל האמת. למדתי שכדאי לשאול אנשים איך אפשר לעזור להם. אם מישהו זקוק להסעה לעבודה ואתה מביא לו זוג נעליים, האם אתה עוזר לו? מה קורה כשמישהו זקוק לאוכל ואתה מביא לו מה שאתה אוהב לאכול בלי לשאול קודם אם יש לו אלרגיות כלשהן? שמור על לב עניו ובקש להכיר את דרכי אלוהים כי מה שנראה לנו טוב איננו תמיד הטוב ביותר.

אם איננו לומדים מהעבר, אנחנו עלולים ליפול למלכודת. כתבי הקודש מזכירים לנו לא להגדיר מהם טוב ורע על בסיס הידע שלנו, כי ההבנה שלנו מוגבלת. המקור היווני בברית החדשה משתמש במילה "אגתוסין" (Agathosyne), שמשמעה תועלת ותכונה טובה של משהו או מישהו. זוהי תכונת אישית הנוגעת לטובת הזולת. ברומים טו 14 כתוב:

> אני בטוח, אחיי, שאתם שופעים טוב, מלאים כל דעת ויודעים גם להוכיח איש את רעהו.

פרק י: טוב לב

שאול מתמלא בידיעה שאחיו במשיח מלאים במתנות. כך מרגיש הורה הצופה בילדיו פותחים מתנות לחג. ישוע אמר במתי ה 16:

> כך יאר נא אורכם לפני בני אדם, למען יראו את מעשיכם הטובים ויכבדו את אביכם שבשמיים.

ישוע איננו מדבר על התרברבות או על עשיית מעשים טובים לעיני אנשים אחרים אלא על כך שהמעשים שלנו צריכים להתמקד בזולת. אנחנו בדרך כלל חושבים שאנחנו הטובים ואילו האחרים זקוקים לעזרה. טוב אלוהים עוזר לנו להתמקד במעשים שיכולים להיטיב עם הזולת בלי לגרום לנו להיראות טוב. אלוהים מתמקד בנו והוא רוצה את הטוב ביותר למעננו. במתי ז 11 כתוב:

> הן אם אתם הרעים יודעים לתת מתנות טובות לבניכם, כל שכן אביכם שבשמיים ייתן אך טוב למבקשים ממנו.

אנחנו צריכים לבקש את פני אלוהים ולבקש ממנו שיגדיר מה טוב לנו. חשוב עוד יותר לבקש מאלוהים את חוכמתו גם כשנדמה לנו שאנחנו כבר יודעים את התשובה. אולי קל לדרוש את פני אלוהים כשאיננו יודעים מה לעשות, אבל אדם שיש לו ביטחון אמיתי דורש את פני אלוהים בכל מצב. הניסיון להגדיר טוב ורע הוא אותה טעות שעשו אדם וחוה בגן עדן, בבראשית ג 6:

> ותרא האישה כי טוב העץ למאכל וכי תאווה הוא לעיניים ונחמד העץ להשכיל ותיקח מפריו ותאכל ותיתן גם לאישה עימה ויאכל.

הם ראו את מה שהיה טוב בעיניהם והחליטו לקחת את השליטה לידיהם במקום לבטוח באלוהים ולהאמין שהוא יודע מה הטוב ביותר. אנחנו עושים את אותה טעות כשאיננו מבקשים את רוח הקודש לפני שאנחנו מקבלים החלטות. אולי זה נראה כמו מעשה פשוט אבל לא אנחנו מניבים את הפרי בחיינו. הפרי הטוב בא לידי ביטוי כשאנחנו דורשים את פני אלוהים גם כאשר אנחנו כבר יודעים את התשובה. טובו של אלוהים נותן לנו את החוכמה שאנחנו זקוקים לה כדי להבין שהוא שולט בעבר, בהווה ובעתיד.

פרק יא

נאמנות

הזמנים משתנים אבל אני נאמן בזמנים טובים ובזמנים רעים. זה לא קשור אליך אלא לאופן שבו אני פועל במצב. לעולם אל תסתכל על מצב במטרה להבין למה הוא קורה אלא חפש אצל מי התשובה. אני רואה מעל הכול, מעבר לכול ומתחת לכול. אני נאמן גם כשהמצב נראה אחרת. אני יכול לעזור לך להבין את האמת ולפקוח את העיניים. קל להתעוור כשמנסים להסתכל מעבר ליער של בעיות. הבט מעלה וזכור שאני בשליטה. הלב שלי כלפיך לא השתנה. לפעמים השיטות משתנות עם הזמן אבל אהבתי לך תמיד תהיה כפי שהיא. אתה יכול לעמוד על ההבטחות שהבטחתי לך. אחוז בהן חזק והפוך אותן ליסוד שעליו אתה עומד. הנאמנות שלי יכולה לתת לך תקווה בזמנים הקשים ביותר. הנאמנות שלך טמונה בענווה. היא איננה קורבן שאני מבקש אלא לב טהור. אני יודע שהכוח שלך להיות נאמן טמון בתלות שלך בי. לפעמים תתייאש או תתעייף, אבל אני לא אעשה זאת. יהיו זמנים שבהם הרגשות שלך ישפיעו על האופן שבו אתה רואה את המצב, אבל אני אשאר נאמן. אתה יכול לסמוך עליי, שכן הייתי נאמן לך לאורך הדורות. הסתכל לאחור וזכור את הסיפורים לאורך המסע שלנו. אם תסתכל לאחור על נאמנותי בעבר, תקבל הצצה חטופה לעתיד שלנו.

היה נאמן, אבא

גם כשאנחנו מבינים את מושג האמונה, קשה לנו להתהלך באמונה. אנחנו רוצים לראות או לדעת מה יקרה לפני שאנחנו פועלים. הטבע האנושי שלנו רוצה להישען על הניסיון שלנו כי כך אנחנו מרגישים בטוחים. ההתנגדות הגדולה ביותר לאמונה היא הרצון שלנו לשלוט בחיינו. כשאנחנו משחררים את העתיד שלנו לידי אלוהים ובוטחים בשליטה שכבר בידיו, אנחנו מקבלים חופש. אנשים רבים בוטחים באלוהים לגבי החיים בעולם הבא, אבל מעטים בוטחים בו לגבי חייהם בעולם הזה.

פעם ניהלתי לוויה של אב צעיר. משפחתו וידידיו קמו לספר על חייו. המילה "נאמן" חזרה על עצמה בדבריהם. הוא היה נאמן למשפחתו, לעבודתו, לחבריו ולספורט. כולם סיפרו כמה היה אפשר לסמוך עליו כשהוא אמר שהוא יעשה משהו. רבים סיפרו שהוא היה נאמן לאלוהים אחרי שנושע. אחרים אפילו סיפרו שהוא היה נאמן לדברים ולאנשים הלא נכונים עד שהוא פגש את ישוע. שמעתי את מנהיג הקהילה מספר שכולם מאמינים במשהו, אבל לא תמיד במשהו נצחי. אנחנו יכולים להיות נאמנים לדרכי העולם הזה ולמערכותיו השבורות. אפילו מי שמכחיש שאלוהים קיים, בוטח בתיאוריה הזאת. הדבר שאנחנו נאמנים לו יקבע איך ייראה העתיד שלנו. היזהר עם אנשים וקבוצות שאתה בוטח בהם לגבי העתיד שלך. אנשים וארגונים רבים יבקשו שתהיה נאמן להם, אבל האמונה שלנו צריכה להתחיל תמיד באלוהים. אם מישהו יבקש ממך לבטוח בשיטות שלו במקום בדרכי אלוהים, אתה יכול לדעת שהשיטה שלו לא תחזיק מעמד.

דבר אלוהים עמד במבחן הזמן והוא היסוד לדורות רבים. כאשר אנחנו מאפשרים לכתבי הקודש להגדיר את האמת, הם מעצבים את זווית הראייה שלנו. המקור היווני למילה "נאמנות" בברית החדשה הוא "פיסטיס" (Pistis) - שכנוע עמוק, חבירה למישהו או נאמנות ברית לאופיו של אלוהים, השכנוע הפנימי לגבי אמת מסוימת למרות המצב הנראה לעין. ההבנה של האמונה היא מסע לכל אורך החיים שלנו עם אלוהים, שבו אנחנו מאפשרים לדבר אלוהים לבחון את ליבנו ולשנות את צורת החשיבה שלנו. הנאמנות שלנו היא ההיענות שלנו לדברו. ישוע דיבר על הנאמנות של שר המאה במתי ח 10 ואמר:

> אצל שום איש בישראל לא מצאתי אמונה כזאת.

המילים האלה כוללות גם את התלמידים ואת שאר האנשים שהלכו אחרי ישוע. הם הלכו איתו וראו במו עיניהם את הניסים שחולל אבל ישוע העניק כבוד רב יותר

לשר המאה בזכות נאמנותו. האיש הזה היה מפקד צבאי בדרג בכיר. לא היה כל
ספק שהמעמד שלו חייב אותו בנאמנות למפקדים שמעליו ולרומא, אבל הוא
הראה שהנאמנות האמיתית שלו הייתה לישוע. גם היום אסור לנו להציב במוקד
הנאמנות שלנו את מקום העבודה, הדעות הפוליטיות והעתיד שלנו. מה שאנחנו
רואים בכל יום איננו מגדיר את העתיד שלנו. באיגרת השנייה לקורינתים ה 7 כתוב:

שכן על פי אמונה אנחנו מתהלכים ולא על פי מראה עיניים.

אלוהים מראה את התגובה הנאמנה שלו באיגרת הראשונה של יוחנן א 9:

אם נתוודה על חטאינו, נאמן הוא וצדיק לסלוח לנו על חטאינו ולטהר אותנו
מכל עוולה.

הכול אפשרי עם אלוהים. אלוהים נאמן ויהיה איתנו בכל מבחן וניסיון. בראשונה
לקורינתים י 13 כתוב:

שום ניסיון לא בא עליכם מלבד ניסיון אנושי רגיל. נאמן הוא האלוהים ולא
יניח לכם להתנסות למעלה מיכולתכם, אלא עם הניסיון יכין גם את דרך
המוצא כדי שתוכלו לעמוד בו.

אנחנו חייבים להיות נאמנים לאלוהים יותר מאשר לכללים ולדת. אנחנו צריכים
לשלם את המעשר לאלוהים אבל אם אנחנו מזניחים את הרעבים והנזקקים, איננו
מייצגים כראוי את הבורא שלנו, שעצר לעזור לנזקקים. אנחנו רואים את ישוע
ממחיש את העיקרון שלו לסליחה בלוקס יז 3-6:

הישמרו לכם. אם יחטא אחיך הוכח אותו, ואם יתחרט סלח לו. וגם אם
שבע פעמים ביום יחטא לך ושבע פעמים יפנה אליך לאמור "אני מתחרט"
- סלח לו.

התלמידים של ישוע הבינו כמה קשה לנו לסלוח למי שעושה לנו עוול. מי שנאמן
לדבר אלוהים יציית גם כשקשה לו לעשות זאת. כאשר ליבנו ומחשבותינו עוסקים
באחר, אנחנו מגיבים אחרת. ישוע יכול לרפא את שבורי הלב ולשחרר את השבויים
בחטא. אנחנו חייבים להיות נאמנים לליבו של אלוהים ולא לסדר היום שלנו. זכור
שההבנה שלנו מוגבלת כך שאנחנו חייבים להאמין ולקוות באלוהים שברא את
הכול.

פרק יב

ענווה

מילים רכות יכולות לעזור ללבם של אנשים אחרים להתרחב, אבל מילים קשות עלולות לחרב אותם. אני מאמין שאתה כבר מכיר את ההשפעה של דיבור בנימה רכה ובענווה, אבל אני רוצה להסביר לך כמה הוא חשוב. במילים שלך טמון כוח של חיים ומוות. בראשית, כאשר בראתי את העולם, העולם בא לידי קיום בדברי, וכאשר דיברתי אליך, המילים שלי העניקו לך חיים. משחתי את המילים שלך ביכולת להגיע אל המקומות העמוקים ביותר של האדם, מקומות ששום דבר גשמי איננו יכול להגיע אליהם. אל תמהר לדבר ובחר את המילים שלך בחוכמה ובענווה כי אינך יכול לקחת אותן חזרה. לפעמים אנשים נפגעים ממילים שנאמרו בכעס, ודרושות שנים רבות עד שהם נרפאים מהן. השתמש במילים שלך בענווה כדי לבנות ולעודד את הזולת כשם שעשיתי לך. דבר דברים שאתה מאמין בהם, לא דברים שאתה רואה. אני איתך כדי להדריך אותך באילו מילים לבחור. אתה יכול לעצור בכל רגע נתון ולבקש את עזרתי. אני יכול לדבר באמצעותך כדי להגיע אל בני אדם ולהעניק להם תקווה. המילים שלך הן כלי נשק. בחר אותן בחוכמה. אדרוש ממך דין וחשבון על המילים והמעשים שלך. אני תמיד מוכן לסלוח אבל אתה חייב להיות מודע להשפעת מעשיך. בטח בי שאדריך אותך בכל יום ובכל רגע לגבי המילים שלך. הפה מדבר מתוך השופע בלב ולב בריא של אדם אחד יכול להביא מרפא לרבים.

אני מדריך אותך בענווה ובעדינות, אבא

למילים שלנו יש כוח, והנימה שלנו היא גורם המשפיע על האופן שבו המילים האלה מתקבלות. אחד הגורמים המגבילים בספרים, מכתבים, הודעות כתובות או מיילים הוא שאי אפשר לקרוא את הנימה. האופן שבו אדם מסוים מדבר חשוב מאוד, ואנחנו נוטים להוסיף את הטון למילים בלי לחשוב על כך. המוח שלנו יודע איך מתנהלת שיחה ויכול לתאר לעצמו את אותו אדם אומר את הדברים. אם הדובר הוא בדרך כלל חיובי או מעודד, אנחנו מקבלים את המילים שלו כך. אם הוא נוטה להיות שלילי או אפילו מדבר בגסות, אנחנו קוראים את המילים שלו בנימה שלילית.

עצום את עיניך ודמיין מישהו יקר לך. מה הביטוי או האמירה החביבים עליו? האם הוא מדבר עם מבטא או משתמש בסלנג? האם המשפט האהוב עליו שלילי או חיובי? אפשר ללמוד דברים רבים על אותו אדם מתוך המחשבות והרגשות הראשונים שלך כלפיו. האופן שבו אנחנו אומרים את הדברים חשוב יותר משאנחנו יכולים להבין, ואנחנו צריכים לדעת איך אנחנו מעבירים אותם. אחת ההמלצות האהובות עליי היא שצריך לחכות שלוש שניות לפני שמדברים או עונים. כשאנחנו מנהלים שיחה אמיתית, נדמה לנו ששלוש שניות הן כמו נצח, אבל הן מאפשרות למוח לעבד את המחשבות והתגובות. לפני הפעם הבאה שאתה צריך לערוך שיחה חשובה עם מישהו, נסה להסתכל במראה. שים לב להבעות הפנים שלך וכיצד הן מתאימות לנימה שלך. אם תנסה לשנות את הבעת הפנים שלך, גם הנימה שלך תשתנה בהתאם, וכך גם אם תשנה קודם את הנימה שלך. אלוהים ברא אותנו כך שנפגין רגשות וניעזר בהם כדי להביע את הדאגה שלנו זה לזה. הנימה שלנו יכולה להביע דאגה ואהבה ולהביא מרפא לאנשים שנפגעו ממילים, אם אנחנו נוקטים את הנימה הנכונה. הכוח במילים שלנו יכול לפגוע ויכול לרפא, תלוי בנימה שבה אנחנו משתמשים. נסה להיות אדם שמביא ריפוי עם המילים שלו. אנשים נמשכים לאנשים חיוביים.

בדרך כלל לא נהוג לדבר מהבמות ובדרשות על ענווה ועדינות. כתבי הקודש עוסקים בנושא הזה הרבה מאוד, והוא עולה הרבה במשלי, ספר החוכמה. המקור היווני למילה "ענווה" בברית החדשה הוא "פראוטס" (Prautes), תכונה של נמיכות רוח וצניעות, מתינות בתגובות ובמעשים. בראשונה לקורינתים ד 21 כתוב:

מה אתם רוצים? שאבוא אליכם בשבט מוסר או באהבה וענוות רוח?

אופן הדיבור ונימת הדיבור שלנו הם חלקים חשובים מהמעשים שלנו. בגלטים ו 1 כתוב:

> אחיי, אם ייכשל איש מכם באיזו עברה, אתם האנשים הרוחניים תקימו אותו ברוח של ענווה. והיזהר שלא תבוא גם אתה לידי ניסיון.

קשה להגיב בענווה אם יש בלב שלנו כעס או כוונה להוכיח לאנשים שהם טעו. כאשר אנחנו פונים לאחרים עם הגישה הנכונה להקשיב ולעזור להם למצוא את הפתרון הטוב ביותר, עלינו לנהוג בהם בענווה. הפסוק האהוב עליי הוא מזמור כג פסוק 2. הוא מתאר כיצד אלוהים מנהל אותי על מי מנוחות. הכתובים בדרך כלל מתארים מים ככוח סוער או בלתי מרוסן, אבל אלוהים שולט בו. ישוע הפגין את סמכותו כאשר דיבר אל הסערה והרגיע אותה. אחר כך הוא התהלך על המים בלילה. מתי מתאר את ישוע כמלך עניו וצנוע. אפשר למצוא דוגמאות רבות לתגובות של ישוע, כאשר ענה על מילים קשות ומתקפות במילים מלאות ענווה וחוכמה. הרצון שלנו להיות כמו ישוע, בא לידי ביטוי באופן שבו אנחנו מדברים. ליבו של אלוהים מביע אהבה וחמלה בתגובות שלנו. אנחנו צריכים לשים לב איך אנחנו ניגשים לאנשים סביבנו. במשלי טו 1 כתוב:

> מענה רך ישיב חמה.

קשה לנו להבין את כוח המילים שלנו עד שאנחנו שומעים מילות עידוד של חבר משפחה או מקבלים משוב קשה מחבר. מילים של אדם קרוב נשארות איתנו זמן רב. נסה את השיטה הבאה כדי לשלוט במילים שלך: אל תדבר עם איש במשך עשרים וארבע שעות. כל פעם שתצטרך להגיב למישהו, רשום את התגובה שלך במקום לומר אותה. המשך בשגרה היומית שלך בעבודה ובלימודים אבל אל תדבר. הבא איתך דף ועט כדי לרשום את התגובות שלך למצבים השונים, והראה לאדם שמשוחח איתך את הדברים שכתבת. קרא את המילים והתגובות שלך בסוף היום. האם הן חיוביות או שליליות? חשוב על השיחות שניהלת בדרך הזאת. האם התגובה שלך השתנתה כי כתבת אותה ולא אמרת אותה? זוהי שיטה נהדרת לגרום לנו להאט ולתת לעצמנו זמן לבקש את הדרכת רוח הקודש בתגובות שלנו. כאשר אנחנו נותנים לרוח הקודש מרחב לפעול בליבנו ולשנות אותו, המילים שלנו מתחילות להביא מרפא לחייהם של האנשים שאנחנו מנהלים איתם קשר בכל יום.

פרק יג

ריסון עצמי

דבר את האמת באהבה ולא מתוך רצון לשלוט באחרים. השליטה מגבילה את היכולת שלך ואת הקשר בינינו. אני נותן לך חופש לקבל את ההחלטות שלך בעצמך. כך אתה צריך לנהוג באחרים ובאנשים שאתה אוהב. לימדתי אותך להיות סוכן המופקד על דברים עלי אדמות, אבל יש הבדל בין זה לבין ניסיון לשלוט בתוצאה. אני בטוח שכבר הבנת שאינך יכול לשלוט במה שקורה בעולם הזה. נתתי לך חופש לשלוט בתגובה שלך למצבים, לרסן את עצמך. היעזר במתנה הזאת ובקש חוכמה. אל תחליט בפזיזות. אל תאפשר ללבך להתקשות או למחשבותיך לנהל את לבך. יש איזון בין אמונה לבין מה שאתה יכול לעשות. רק מי שרואה מעבר למצב שבו הוא נמצא יכול לזהות הזדמנויות לשינוי. אל תאפשר לזווית הראייה המוגבלת שלך לשלוט בהחלטות שלך לגמרי. אני רוצה שתשלוט בזמן ובקשר שלך איתי. לעת עתה אלך להכין מקום טוב יותר שבו הזמן שלנו יחד לא יסתיים לעולם.

עד אז, אבא

נראה שהדבר הקשה ביותר לשלוט בו או למנוע מעצמנו הוא אוכל, שכן הוא מסב לנו הנאה מרובה. באמצע שנות העשרים שלי החלטתי להשתתף בתחרות "בודי־בילדינג". התאמנתי בחדר כושר, וכמה אנשים שמו לב למידת ההתקדמות שלי בזמן קצר. הם אמרו שאם אתאמן לקראת המטרה עם עוד אנשים, המוטיבציה שלי תהיה גבוהה יותר ואפילו אשיג מעל ומעבר למה שאני בדרך כלל משיג כשאני מתאמן בעצמי. יצרתי קשר עם עוד כמה בחורים שהתאמנו לקראת אותה תחרות

והסכמנו להיפגש ולהישקל. קודם כול היינו זקוקים למידות התחלתיות כדי שנוכל לראות מה מצבנו היה באותה עת וכמה זמן יידרש לנו כדי להגיע למטרות שלנו. הזדעזעתי כשהמאמנת האישית מדדה כל איבר בגוף עם סרט מידה ועם מכשיר למדידת מסת שומן. אחר כך היא ביקשה ממני לרשום כל דבר שאכלתי כל היום, בכל יום בשבוע. התהליך הזה ארך שעות, והיה לי קשה לזכור כל דבר שאכלתי. שאלתי אותה למה כל כך חשוב לעקוב אחרי האוכל, והיא אמרה: "מה שנכנס זה מה שיוצא".

אם אנחנו מזינים את הגוף שלנו בתזונה נקייה, הגוף שלנו יאגור פחות שומן. המאמנת התחילה לעבור על רשימת סוגי האוכל שלי וציינה אילו מהם כבר אסור לי לאכול. אתה יכול לתאר לעצמך שבכל השבוע שלאחר מכן כל מה שרציתי היה אותם סוגי האוכל שכבר אסור היה לי ליהנות מהם. אבל אחרי שבועות וחודשים של אכילה נקייה, כבר לא היה לי שום רצון או אפילו מחשבה על המזונות האלה. חלפתי בנסיעה על פני מסעדות למזון מהיר, והריח עורר בי בחילה. הבנתי שבמקום לתת לגוף שלי את מה שהוא רצה, נתתי לו מה שהוא צריך, והרצון חלף. היכולת לשלוט באוכל וברצון שלי עזר לי לשפר גם תחומים אחרים בחיי. שברתי את הלך הרוח של ריכוז עצמי והבנתי שלא תמיד מה שרציתי היה הטוב ביותר. כשאנחנו ענווים ומבינים שמה שאנחנו רוצים איננו תמיד הטוב ביותר, אנחנו יכולים לאפשר לאלוהים להדריך את ההחלטות שלנו. אלוהים הראה לי שבמקום להתרכז במה שאני מפסיד, אני מאכיל את עצמי במה שאני זקוק לו, והוא דואג לכל היתר.

אלוהים כה מדהים, עד שהוא מאפשר לנו לקבל החלטות ולעשות מעשים שהוא יכול לעשות בקלות. הוא רוצה שנהיה חלק ממשפחתו אבל לא תוך שליטה באנשים אחרים. המקור היווני של "ריסון עצמי" בברית החדשה הוא "אנקרטיה" (Enkrateia), למתן את עצמנו, להתנגד לרצון, להתאפק ולשלוט במאווי הבשר. במעשי השליחים כד 25-24 אפשר לראות ששאול השליח העדיף לבשר את הבשורה מאשר לצאת מהכלא:

> אחרי כמה ימים בא פליקס עם דרוסילה אשתו, שהייתה יהודייה. הוא שלח לקרוא לשאול ושמע אותו על דבר האמונה במשיח ישוע. כשדיבר על הצדק ועל כיבוש היצר ועל הדין העתיד לבוא...

שאול נשאר בכלא כי הוא היה מסור לאמת וכיבד את אלוהים בכל מחיר. שאול אפילו הזכיר למנהיג הצעיר טימותיאוס בשנייה לטימותיאוס א 7:

> הן האלוהים לא נתן לנו רוח של פחד אלא רוח של גבורה ואהבה ויישוב הדעת.

מנהיגים צריכים לדעת מה חשוב ומתי להקריב את הדברים שאינם חשובים. המאוויים שלנו עלולים להטעות אותנו אם לא נראה אותם דרך הסנן של אהבת אלוהים. במשלי טז 32 כתוב:

> טוב ארך אפיים מגיבור ומושל ברוחו מלוכד עיר.

ובמשלי כה 28 כתוב:

> עיר פרוצה אין חומה איש אשר אין מעצר לרוחו.

אם אנחנו רוצים להצטיין בריסון עצמי, אנחנו חייבים להצטיין בכניעה לאלוהים. אנחנו חייבים להישען על כוח אלוהים ולא על כוחנו אנו. זהו הסוד לחיים על פי הרוח. ריסון עצמי הוא אחד מפירות הרוח אבל הוא הביטוי הנעלה לפעולת אלוהים בחיינו. אם כבר נכנענו לעצמנו ולמאוויים שלנו זמן רב, יהיה לנו קשה לשלוט בהם. כאשר אנחנו מוותרים על המאוויים שלנו ונכנעים לרצון אלוהים, אנחנו מראים את אהבתנו ונאמנותנו כלפיו.

אומנם מנוחה מועילה לנו מאוד אבל לפעמים היא הופכת לרצון אנוכי או לתירוץ שאנחנו מתרצים כדי להשיג את מה שאנחנו רוצים. בפיליפים ג ב 3-8 מתוארת הדוגמה שישוע הציב לנו:

> ואל תעשו דבר מתוך תחרות אף לא מתוך כבוד שווא אלא בנמיכות רוח יחשוב איש איש את רעהו לנכבד ממנו. כל אחד אל ידאג רק לענייניו אלא גם לענייניו של זולתו. יהא בכם הלך רוח זה אשר היה במשיח ישוע. הוא אשר היה קיים בדמות אלוהים לא חשב לשלל היות שווה לאלוהים אלא הריק את עצמו, נטל דמות עבד ונהיה כבני אדם. וכאשר היה בצורתו כאדם, השפיל עצמו וציית עד מוות, עד מוות בצלב.

אלוהים נתן לנו יום מנוחה בכל שבוע, אבל הוא מצווה עלינו לא ללכת בדרכנו אנו. זה נשמע כאילו אלוהים סותר את עצמו, אבל זה בעצם צריך לעורר את ליבנו. כאשר אנחנו מבקשים את עזרת רוח הקודש ומאפשרים לאלוהים להראות לנו איך לנוח, הפרי של ריסון עצמי הוא הכוח שלנו. אלוהים נתן לנו דברים כה רבים בחיים האלה, ואנחנו משיבים לו אהבה כאשר אנחנו בוחרים להקדיש לו זמן.

חלק ג

הדרך הלאה

פרק יד

חזרה אל העץ

הפרי הוא תוצר של העץ אבל לא רק שלו אלא גם של המרכיבים המזינים שנמצאים בסביבה. אנחנו בוחרים מהיכן נשאב את כוחנו, והבחירה הזאת תעצב את עתידנו. כאן אנחנו חוזרים לבחירה שלנו בגן עדן. בספר בראשית, בהתחלת הכתובים, אדם וחוה ניצבו בפני הבחירה לציית לאלוהים או להגדיר מהו טוב לפי ראות עיניהם. הבחירה הזאת מוגדרת בבראשית ג כעץ הדעת טוב ורע ועץ החיים. הבחירה המקורית הזאת בגן צריכה להזכיר לנו את ההחלטות שאנחנו מקבלים עכשיו בכל מצב שאנחנו נמצאים בו. האם אנחנו בוחרים את הטוב ביותר בעינינו או את הדרך שאלוהים ייעד לנו?

יש אנשים שקשה להם לקבל את ההחלטה הזאת או לבחור, ולהם אני רוצה להזכיר לבדוק את הפרי. פרי ההחלטות שאנחנו מקבלים בבשר מתואר בגלטים ה 19-21:

> מעשי הבשר גלויים ואלה הם: ניאוף וזנות, טומאה, זימה, עבודת אלילים, כישוף, שנאה, מדון, צרות עין, כעס, מריבה, מחלוקות, כיתות, קנאה, שכרות, הוללות וכדומה.

שאול ממשיך להציג את פרי ההחלטות הנובעות מכניעה לרצון אלוהים: אהבה, שמחה ושלום שאותם אנחנו כל כך רוצים. שאל את עצמך כמה שאלות לפני שתקבל את הבחירה הטובה ביותר בעיניך. מה תהיה התוצאה אם תבחר במה שאתה רוצה? איזו החלטה אתה צריך לקבל כדי לראות את פרי הרוח?

השאלות האלה עוזרות לנו לבחון את המניעים שלנו ולהתמקד במי שבאמת יכול לתת לנו את מה שאנחנו זקוקים לו. אולי קשה לנו לקבל שהמניעים שלנו אנוכיים, ואנחנו מעדיפים לבקש את הטוב ביותר לעצמנו. אנחנו חייבים להתחדש בדעתנו ולהתמקד במכוון בדברים הטובים של אלוהים. בפיליפים ד 8-9 כתוב:

> סוף דבר, אחיי, כל אשר אמת, כל מה שנכבד, כל דבר ישר, טהור, מלא נועם, כל אשר שמעו טוב, כל מעשה נעלה, וכל דבר הראוי לשבח - באלה יהגה לבבכם. הדברים אשר למדתם וקיבלתם ושמעתם ממני ואשר ראיתם בי - אותם עשו, ואלוהי השלום יהיה עימכם.

כפי שאתה יודע, אם תאפשר למחשבות שלך לשוטט, הן יימשכו למחשבות שליליות. אם מישהו פגע בך, המחשבות שלך יעסקו בכל הכוונות הרעות שלו. המחשבות שלנו משלימות פערים בעזרת הדמיון, אבל אנחנו חייבים למקד אותן במה שאנחנו רוצים לראות. שים לב שהקטע לעיל מסתיים בכך שאלוהי השלום יהיה עימנו. עלינו להתמקד בכך שאלוהים איתנו כי ההתמקדות הזאת היא ההיבט החשוב בשינוי הדעת. במקום לדאוג מהי ההחלטה הנכונה, עלינו להתמקד בידיעה שאלוהים איתנו, כשם שהיה בגן. לשם כך עלינו לכוון את המחשבות שלנו ולנהל את האופן שבו אנחנו משתמשים בזמן שלנו.

נסה לגדל עץ קטן וללמוד מהחוויה. קנה זרע של תפוח עץ וטמון אותו באדמה. בזרע טמון הפוטנציאל, היוכלה לגדול ולהפוך לעץ ולהניב פרי. אם לא תהיה לו הסביבה הנכונה, הוא יישאר זרע. כאשר זורעים את הזרע, אין צורך להשקיע בו מאמצים רבים. הוא גדל מעצמו. אבל כשהוא הופך לצמח, הוא חשוף לפגעי הסביבה. אם תיתן לו יותר מדי אור שמש או מים, הוא ימות. אם אתה רוצה להצליח, אתה צריך להשקיע בו מאמצים ולהתאים את עצמך לתהליך הצמיחה. גם אם הוא גדל ומתפתח, ייתכן שיחלפו כמה שנים עד שהוא יניב פרי, אבל הסביבה הנכונה היא הדרך היחידה לקבל את הפרי הרצוי. אם תחליט להזניח את הצמח או לעקור אותו, לא תזכה לתוצאה שאתה רוצה. הטיפול בצמח מזכיר לנו את מצבנו. אנחנו חייבים לדאוג לנפשנו ולגופנו ולקבל את ההחלטות הטובות ביותר לצמיחה. עלינו לכוון את הבחירות שלנו ולהיות מודעים למה שאנחנו מכניסים למחשבות שלנו. איש איננו יכול להימנע מהפרי הרע של החלטות גרועות. מה שנכנס הוא מה שיוצא. כתבי הקודש מזכירים לנו בגלטים ו 7-9 שנקצור את מה שנזרע:

> אל תטעו, באלוהים אין להתל. כי מה שאדם זורע, את זאת גם יקצור. מי שזורע בשדה בשרו, מן הבשר יקצור כיליון. אבל הזורע בשדה הרוח, מן הרוח יקצור חיי עולם. אל נא ירפו ידינו מעשות טוב. בבוא העת נקצור אם לא נרפה.

אתה תקצור את פרי ההחלטות שלך. כל החלטה תניב תוצאה, אבל אולי לא התוצאה שקיווית לה. בחר את ההחלטה בהתאם לפרי. אם ההחלטה שלך מניבה כעס, קנאה או מחלוקת, הפרי הזה הוא בבשר. אלוהים נתן לנו הוראות נפלאות בכתובים והבהיר היטב מה הוא מבקש מאיתנו לעשות. לפעמים אנחנו מסבכים את ההדרכה שלו יתר על המידה כי איננו יכולים להבין איך היא תניב את הפרי שאנחנו רוצים. הבעיה היא שאנחנו רוצים להגדיר את הפרי ואת התוצאה. אנחנו רוצים תוצאה מוגדרת כי לדעתנו היא תניב לנו אהבה, שמחה ושלום. אם אנחנו מאפשרים לכעס, לחוסר סבלנות או לכל תגובה של הבשר לגדול, אנחנו יודעים שאנחנו בכיוון הלא נכון. אנחנו יכולים לשוב בקלות לנוכחות אלוהים ולהתאים מחדש את המחשבות שלנו. אחת הדרכים הטובות להזין את המחשבות שלנו בהתאם לרצון אלוהים היא לשנן פסוקים מהכתובים המתייחסים למצב שאנחנו עוברים. שמעתי מישהו שאומר שהדשא איננו ירוק יותר אצל השכן, הוא ירוק יותר במקום שמשקים אותו.

כאן אנחנו חוזרים להתחלה כשבידינו הבחירה: להירגע בנוכחות הקדושה של אלוהים ולאפשר לו להדריך אותנו, או להישען על החוכמה שלנו. מי שהולך בדרכים של אבינו הטוב שבשמיים מוצא חופש. אנחנו צריכים להרגיש הקלה ממשאות החיים, כשם שישוע אמר במתי יא:

כי עולי נעים וקל משאי.

אם נדמה לנו שהחיים שלנו כבדים, אנחנו צריכים להחזיר את העול לישוע. התפקיד שלנו איננו להניב את הפרי אלא לעמוד במי שיכול להניב אותו.

פרק טו

הסביבה חשובה

כאשר אלוהים ברא את העולם, הוא הגדיר את המטרה שלנו וייעד אותנו לפרות ולרבות. בבראשית פרק א אפשר לראות סיפור בריאה שונה לכל יום. על היום השישי כתוב שאלוהים ברא גם זכר וגם נקבה (ראה פס' 27). סיפור הבריאה מסופר שוב בפרק ב והפעם עם עוד פרטים. בפסוקים 6-7 כתוב:

> ואד יעלה מן הארץ והשקה את כל פני האדמה. וייצר ה' אלוהים את האדם עפר מן האדמה ויפח באפיו נשמת חיים. ויהי האדם לנפש חיה.

הפסוק הזה חושף עיקרון חשוב, וצריך להקדיש זמן לבחון אותו לפרטים. קודם כול נאמר:

> אד יעלה מן הארץ והשקה את כל פני האדמה.

אנחנו יודעים שבלי מים אין חיים, והם דרושים לצמחים, לבעלי חיים, לבני אדם ולתקינות של המערכת האקולוגית של כדור הארץ. כדור הארץ מורכב משבעים ואחד אחוזים מים, והם נמצאים בנהרות, באגמים, באוקיינוסים ובקרחונים. הגוף שלנו מורכב מחמישים וחמישה עד שבעים וחמישה אחוזים מים, תלוי בגיל ובאורח החיים. הלב, הריאות, המוח והכליות שלנו כוללים כשמונים אחוזים מים. בלי מים אין חיים עלי אדמות ואין חיים בגופנו.

שנית, אלוהים יצר אותנו "עפר מן האדמה". אם נבחן את האדמה ואת גוף האדם, נמצא את אותם יסודות בשניהם. גוף האדם מורכב בעיקר משלושה עשר יסודות. תשעים ושישה אחוזים מהגוף מורכבים מחמצן, פחמן, מימן וחנקן. שאר ארבעת האחוזים מורכבים כמעט לגמרי מנתרן, אשלגן, מגנזיום, סידן, ברזל, זרחן, גופרית, כלור ויוד. החמצן לבדו הוא שישים ואחד אחוזים מהגוף שלנו, וגם היסוד העיקרי של כדור הארץ הוא חמצן, שהוא ארבעים ושישה אחוזים ממנו. ידוע לנו שזהו איננו

הגורם היחיד הדרוש לגוף שלנו כדי לחיות, שכן הגוף שלנו זקוק גם לדנ"א ורנ"א ומרכיבים רבים אחרים כדי לתפקד. העיקרון שאני מנסה להבהיר הוא שאתה מחובר לבריאת אלוהים יותר משנדמה לך. אנחנו אוכלים את מה שהאדמה מניבה, והיא מעניקה לנו את המרכיבים התזונתיים שאנחנו זקוקים להם כדי לחיות.

העיקרון הזה חיוני כי הוא מחבר אותנו חזרה אל המטרה שלנו, להיות סוכנים הממונים על מה שאלוהים הפקיד בידינו. כדי לפרות ולרבות אנחנו צריכים לדאוג לאדמה, לצמחים, לבעלי החיים ולסביבה וכן לדאוג לגוף הגשמי שלנו. המטרה של הבריאה הייתה שאלוהים ינהל איתנו קשר. אנחנו צריכים לדאוג לכדור הארץ ולגוף שלנו כי כאשר אנחנו מטפלים בבריאת אלוהים, אנחנו מכבדים את אלוהים. ההבנה שהגוף שלנו מחובר לבריאה מעניקה משמעות חדשה לפסוקים בברית החדשה על כך שאלוהים יוצר אותנו כמו כלי חרס. אלוהים מינה אותנו לדאוג לגוף הגשמי שלנו. הוא כבר נתן לנו את הדרוש לגופנו כדי להיות פורה ולהתרבות בעולם הזה. הצמחים, בעלי החיים, התבלינים, הזרעים ומיני מזונות טבעיים רבים אחרים, מספקים לנו את מרכיבי המזון הדרושים לגוף הגשמי שלנו. שאול השליח מזכיר לנו את המשימה הזאת ברומים יב 1:

> ובכן, אחיי, בגלל רחמי אלוהים אני מבקש מכם שתמסרו את גופכם קורבן חי, קדוש ורצוי לאלוהים. כך תעבדוהו עבודה שבלב.

הוא ממשיך ומזכיר לנו בפרק שעלינו להגשים את המטרה הזאת באמצעות התחדשות הדעת. הדעת שלנו מתחדשת כאשר החיים שלנו כנועים לרוח אלוהים ולא כאשר אנחנו עושים מעשים אנוכיים או פועלים בהתאם לרצון הבשר.

נחזור לבראשית א, שם כתוב:

> וייפח [אלוהים] באפיו נשמת חיים.

אלוהים ברא את חיינו ומקיים אותם. לשם דיוק, רוח אלוהים מקיימת את החיים שלנו. המילה "וייפח" מצביעה על רוח. אנחנו כבר יודעים מהפסוק שאלוהים ברא חיים עלי אדמות ולכן רוח אלוהים מפיחה בנו חיים. רוח אלוהים היא רוח הקודש השוכנת בנו. גם התנ"ך וגם הברית החדשה מצביעים על כך שרוח הקודש מעניקה לנו חיים ומקיימת אותם. לדוגמה, גלטים ו 8:

מי שזורע בשדה בשרות, מן הבשר יקצור כיליון. אבל הזורע בשדה הרוח,
מן הרוח יקצור חיי עולם.

העיקרון ברור: נועדנו לחיות בנוכחות אלוהים ובאמצעותו. החטא בגן עדן יצר
הפרדה בינינו לבין אלוהים אבל זה לא היה רצון אלוהים מלכתחילה ואין סיבה
שזה יהיה פסק הדין הסופי. נועדנו להיות עם אלוהים בוראנו, וכל הדרוש לנו נמצא
בנוכחותו. כך אנחנו יודעים שהמטרה שלנו היא להיות עם אלוהים ולנהל את
בריאתו יחד איתו. הקרבה בינינו מאפשרת לנו למלא את תפקידנו כראוי ולהכניע
את רצוננו לדרכו. אפילו הבטחת הברית לאברהם היא לדאוג לסביבה, גם לגופנו
וגם לעולם כולו. בבראשית יז 1-10 אלוהים הבטיח לאברהם שהוא יפרה וצאצאיו
ימלאו את הארץ. דברים אלה מזכירים את המילים הקודמות בבראשית, ותוכנית
אלוהים לילדיו לא השתנתה. משמות ועד דברים אפשר לקרוא סיפורים בזה אחר
זה על כך שאלוהים הציל את בני ישראל משעבוד מצרים, הוביל אותם דרך ים סוף,
האכיל אותם במדבר, נתן להם בסיני הנחיות חדשות לחיי משפחה ונתן להם כוח
לנצח את כל אויביהם עד שלבסוף, על פי הכתוב ביהושע כא, הם נחלו את הארץ
המובטחת. אלוהים המשיך וימשיך להיות נאמן להבטחתו, כשם שאפשר לראות
בספר האחרון בכתובים, התגלות כב 1-2:

הוא הראה לי נהר מים חיים מבהיק כבדולח יוצא מכיסא אלוהים והשה.
באמצע רחוב העיר ועל שפת הנהר מזה ומזה - עץ חיים עושה פירות
שתים עשרה פעמים, בתיתו בכל חודש וחודש את פריו, ועלה העץ למרפא
הגויים.

הפרי של רוח הקודש הוא תוצר נלווה של נוכחות אלוהים. הפרי הזה גדל כאשר
אנחנו מפסיקים לנסות לשלוט בתוצאה ומתמקדים בניהול נכון של הסביבה שלנו.
הפרי ילך ויתרבה בחיינו עכשיו ולנצח באמצעות נוכחות אלוהים וכוחו.

במדבר ו 24-26:
יברכך ה' וישמרך. יאר ה' פניו אליך ויחונך. יישא ה' פניו אליך וישם לך
שלום.

71

מכתב של אבא

החיים כמו אד הנראה לרגע ואחר כך נעלם, ויש לי דברים רבים לומר לך. אני רוצה לפגוש אותך ולספר לך על כל מה שתכננתי למענך. היום שבו ניפגש פנים אל פנים יהיה יום גדול, אבל אל תתייאש כי יש לי תוכניות מיוחדות לחייך עד אז. אני פועל למענך כבר זמן רב. אני עושה מעשים רבים כדי למשוך את תשומת ליבך. סוף סוף אתה שם לב אליי ואנחנו יכולים לדבר. שמעתי אנשים שאומרים עליי דברים שפשוט אינם נכונים. אני אוהב אותך ותמיד אהבתי אותך, עוד מראשית. אל תאפשר לספק לחלחל פנימה כי האהבה שלי אליך איננה מבוססת על מה שעשית או יכולת לעשות. האהבה שלי איננה נמדדת לפי מצבך בהווה והשלכותיו. אם תחפש את האהבה שלי תוכל לראות אותה ברגעים הקטנים, אבל כעת, מספיק שתדע שתמיד אהיה קרוב כאשר תזדקק לי. שמעתי שאנשים אומרים שאני מרוחק ומנוכר. המילים האלה מעציבות אותי כי אני כן רוצה להיות קרוב אליך. האהבה באה לידי ביטוי כאשר אנחנו נמצאים בחברת האדם שאנחנו אוהבים ומקיימים מערכת יחסים עמוקה איתו. אני מחכה לשמוע את קולך כל בוקר. אני מתרגש מאוד כשאני שומע אותך מתעורר ומתחיל עוד יום. אני מחכה ללכת איתך כל צעד לכל אורך היום ולעבור איתך דברים רבים יחד. אני מתעצב כשאתה ממהר להתחיל כל יום במשימה. המטרה בחייך איננה רק לפעול בשביל אדם אהוב אלא גם להיות בחברתו. אני מבין לליבך ולכן אל תתייאש כי אני איתך במשימות האלה. אני יודע שלפעמים נדמה לך שאינך תמיד שומע את קולי. אני מדבר וחולק איתך את דבריי לעיתים קרובות. כן, בכל רגע ומשימה אני מדבר איתך. אני יודע שלפעמים קשה להאמין שזה נכון כי אולי אינך תמיד שומע אותי. המילים שלי זורמות מתוך האהבה שלי אליך. אני גם רוצה שתדע שאני שומע אותך כשאתה מדבר. כן, אני תמיד מקשיב והקול שלך יקר לי מאוד. אני יכול להקשיב לך מדבר כל היום וכל הלילה כי החוויות שלך חשובות לי מאוד. אני נהנה מאוד מהשיחות שלנו וכך גם מהמכתב הזה. אני אומר את המילים האלה, והאהבה שלי אליך מתעוררת בתוכי. אני מקווה

73

שתמשיך לראות אותי כפי שאני, גם לאורך השיחה הזאת בינינו. תכננתי דברים רבים וגדולים למסע שלנו, ואני מאוד רוצה להמשיך. לפני שנעשה את הצעד הבא, קח רגע לשחרר את המחשבות והרגשות שהיו לך כלפיי בעבר ולספר לי עליהם. אני רוצה לדעת איך אתה באמת מרגיש כדי שנוכל להתקרב זה לזה.

פתח את ליבך לקבל את אהבתי. אהבתי לך היא האהבה הקשה ביותר להבנה. כפי שאתה יודע, אהבה היא הרבה יותר ממילים. המחשבות שלי תמיד עוסקות בך, ואינני יכול שלא לחשוב כמה שאתה נהדר. שוב, אלה אינן רק מילים. אני עוצר כדי לחשוב כמה אני גאה בך. כן, החיים האלה קשים ואתה צריך לקבל החלטות ולבחור המון בחירות וכל אלה מסיחים את תשומת ליבך. למדת דברים רבים ואני מצפה בכיליון עיניים לראות מה הדבר הבא שתעשה. הדבר המרגש ביותר הוא שאנחנו יכולים להתהלך יחד. אתה יכול לעשות מעשים גדולים כשאתה מאמין שאני איתך. קח רגע, עצור ובקש ממני עזרה. זה נכון, זה באמת מאוד קל כי אני אוהב אותך ואני איתך. הקשר בינינו איננו צריך להיות מסובך. די שנשוחח בזמן שאנחנו מתהלכים יחד. שוב, אני גאה בך ואני מחכה בכיליון עיניים לומר לך אילו דברים גדולים אני רואה בך. תוכל לעשות מעשים גדולים עוד יותר כי אני איתך. אני מכיר את התחומים החזקים ואת החולשות שלך, אבל הם משלימים זה את זה והופכים אותך לטוב יותר. החולשה שלך נועדה להאט אותך ולהקדיש זמן למחשבה. בזמן הזה אנחנו גם יכולים לדבר ואני יכול לומר לך דברי חוכמה לחיים. אחר כך נמשיך יחד בדרך ותפעל בתחום המתנות והכישרונות שלך. אומנם צריך זמן עד שתגשים את מלוא היכולת שלך אבל זוהי השמחה שבמסע. אם תישא את עיניך לגבהים חדשים ולהזדמנויות חדשות, תראה שהמתנות שלך הולכות ומתחזקות. אני אוהב אותך עם כל ההישגים והכישלונות שלך. אני רוצה להיות איתך בכל מקום שבו אתה יושב, עומד או הולך. כן, זה נכון ואני מבין שאולי קשה לך להאמין בזה. אני רוצה לעזור לך לקבל את אהבתי כי האהבה שלי יכולה למלא אותך ולא יחסר לך דבר. זכור שלמעשים שלי בחייך יש משקל בשיחה הזאת. האם אתה זוכר את הרגע שכמעט התייאשת והייתי שם? זוכר שפקחתי את עיניך וראית את האמת שהייתה ממש לנגד עיניך? האם אתה זוכר... אני יכול להמשיך עוד ועוד אבל בוא נתמקד במטרה שלנו. מה מפריע לך באמת להאמין באהבה שלי לך ולקבל אותה? אל תמהר כי אני רוצה שתגיד לי איך אתה מרגיש. אנחנו חייבים להגיע לשורשי ליבך כי האהבה שלי היא היסוד למה שאנחנו בונים. בוא נמשיך להתעמק בזה.

הוקר את הדברים החשובים ביותר. אני רוצה שכאשר תתמודד עם ניסיונות והתנגדות, תחשיב את הכול לשמחה. אני יודע שזה נראה מוזר ולא מציאותי, אבל זה ישמש אותך מאוד בתקופות הקשות ביותר שלך. אני רוצה שתדע שמה שאתה רואה בעולם הזה איננו מה שאתה צריך להיות. אם המצב שלך רע, אין זה אומר שאתה רע. לימדתי אותך להיות אחר ולהתעלות מעל המצבים שאתה מתמודד איתם. אפשר לעשות זאת בכמה דרכים. זכור שאני אוהב אותך ולעולם לא אעזוב אותך. כוחי ועוזי תמיד איתך, ותמיד אהיה קרוב אליך. זה הצעד הראשון לחיות בשמחה בתקופות שבהן אינך יכול לחיות את החיים שאתה רוצה. הקשר שלנו יכול להיות חזק וקרוב יותר בלי כל הדברים שמסיחים את דעתך לאורך היום. בראתי אותך כדי לחולל שינוי ולהשפיע על העולם סביבך. כוחי ועוזי איתך ולכן אני רוצה שתראה את הדברים אחרת, ולא כפי שהם נראים כרגע. המצב שאתה רואה כעת לא תמיד יישאר כך. או שהוא יידרדר או שהוא ישתפר, אבל יש לך הזדמנות להחליט. העובדה הזאת צריכה לשמח אותך כי יש תקווה לעתיד טוב יותר. לא כולם רואים את זה כך, אבל בזכות הקשר בינינו אתה יודע שיש שמחה. לא קיבלת את השמחה הזאת כדי להתרברב או להתרומם מעל אנשים אחרים. אנחנו חיים עם השמחה כדי להעניק אותה וגם את התקווה לאנשים סביבנו ולהקים אותם לאורך המסע שלנו. אינני רוצה שתזייף את השמחה הזאת או תעמיד פנים כאילו הכול בסדר. האמת תשחרר אותך ולכן אני רוצה שתהיה כן לגבי הרגשות שלך. אנחנו יכולים לחיות עם שמחה אם נתמודד עם המצב, ולא נתחמק ממנו. מה קשה במצב שלך כרגע? האם היו בחייך תחומים או תקופות של תקווה? בזמן שתחשוב על השאלות האלה ותענה עליהן, זכור שאני כאן איתך. הקדש רגע להבין שאינך זקוק לתשובות הנכונות. שחרר את הדברים האלה לידיי לפני שנמשיך הלאה.

אני רוצה שיהיה לך שלום נצחי, לא כמו שהעולם נותן. יש שלום גדול יותר משאתה מכיר. השלום שאני רוצה לתת לך איננו מבוסס על מה שאתה שולט בו או כיצד המצב משפיע עליך. השלום שאני רוצה שיהיה לך הוא שלום ששום מחשבה או מצב אינם יכולים לקחת ממך. השלום הזה נובע מהביטחון שלך בי ומשום שאתה יודע מי אתה ומי דואג לך. אתה יכול לקבל את השלום הזה כשאתה יודע שהכוח והביטחון בי גדולים מהביטחון שלך במצב. ככל שתעניק שליטה רבה יותר לעולם הזה ולניסיונות בחייך, כך תוכל להעניק לאחרים שלום רב יותר. אני רוצה שתדע שהשלום הזה מגיע מהר כשאתה נותן לי את השליטה. אני יכול לדאוג למצב, ואתה

תשמח לדעת שהייתי בשליטה לכל אורך הדרך. אתה ודאי כבר יודע שהלב שלי חושב עליך רק מחשבות טובות ואני רוצה את הטוב ביותר למענך. השלום שלי יהיה איתך ברגע שתרפה מהניסיון לשפר את החיים שלך. אני רוצה שתבטח בי ותאפשר לזרועי לפעול בחייך. הירגע ודע שאבא שלך יכול לטפל במצב. אני רוצה שיהיו לך מנוחה ושלום. תכננתי את הדברים כך שתוכל לבטוח בי. קח לעצמך יום חופש פעם בשבוע ובטח בי שאדאג לעבודה שלך. הרשה לעצמך ליהנות מפרי עמלך כי העבודה איננה המטרה. הקדש את הזמן למנוחה גופנית ונפשית. אולי קשה לך לעשות את זה אם אינך רגיל לזה, אבל זה יעזור לך מאוד. לפעמים צריך לסלק כמה דברים מהחיים כדי לנוח וליהנות משלום. האם מישהו מפריע לך לנוח? האם יש מישהו שגוזל ממך את השלום שלך? בזמן שתחשוב על הדברים האלה, זכור שמשימות או עוד דברים לעסוק בהם אינם המקור של מה שאתה מחפש.

לפעמים אני שומע אנשים אומרים שלא כדאי לבקש אורך רוח, כי מי שמבקש אורך רוח צריך לעבור ניסיונות כדי לקבל אותו. האמירה הזאת מראה כמה הילדים שלי התרחקו מליבי. אני אב ואני נותן מתנות טובות לילדיי כשהם רוצים להיות קרובים אליי. אדם שחי עם אורך רוח הוא אדם שמבין את הנצח. אני רוצה להיות איתכם לעולם, לא רק בזמן שאתם חיים עלי אדמות. יש לנו דברים רבים ויפים ליהנות מהם יחד, אין לאן למהר. אני מבין את הדחיפות להגשים דברים ולקצור את הפרי. לא סתם יש עונות בשנה. עת לזרוע ועת לקצור, ולכל עת יש מטרה ותזמון מושלם. גם שמעתי שנאמר שסבל הוא כמו אורך רוח, אבל המילה "סבל" איננה משקפת את ליבי. אדם איננו סובל כאשר הוא זורע זרעים, אלא הוא מאריך את רוחו, עובר את הכאב בעמלו בידיעה שבבוא היום הוא יקצור את פרי עמלו. התקופה שלך עלי אדמות איננה תקופת הקציר הגדולה שלך. נכון, אני רוצה שתיהנה מהחיים ומהמסע שלך, אבל אם אתה חושב שהעולם הזה יכול להציע לך את השפע שתכננתי שיהיה לך, הציפיות שלך ממני נמוכות מדי. הכנתי לך מקום נפלא, ואני מצפה בכיליון עיניים להראות לך אותו. האם אתה מוכן לקצור בעונת הקציר? האם יש משהו שאתה צריך לעשות כדי להתכונן? המשך להתכונן כי העונה הזאת קצרה.

הקשב היטב כאשר אני מבטא לפניך את רחשי ליבי. אני יודע שאינך יכול להבין זאת לגמרי עד שניפגש פנים אל פנים. אני רוצה שתכיר אותי במלואי ושליבך יהיה דומה לליבי. שתאהב את האנשים שאני אוהב ותנהג בהם בנדיבות ובטוב לב. טוב

לב איננו רק הניסיון לא לפגוע באנשים אחרים או לדבר עליהם רעות אלא לחולל בחייהם שינוי לטובה. באתי לשחרר את האסורים כדי שכולם יוכלו ליהנות מחיים פוריים. אני רוצה שתיתן לבני אדם אחרים את מה שאני נותן לך. חינם קיבלת, חינם תיתן. אני יודע שזה קשה בעולם שמלמד אותך לחשוב קודם כול על עצמך. אני רוצה שתחשוב לאחור ותזכור מתי הייתי טוב לב כלפיך. אומנם לא היית ראוי לכך, אבל דאגתי לך באותה תקופה לכל צורך. נכון, הייתי שם, ונכון שטוב לך לדעת שחשבתי עליך? נכון שטוב היה לך לדעת שמישהו הקדיש זמן וכוחות לעזור לך גם אם זה נראה מעט? נדיבות וטוב לב כלפי הזולת מראים שהחיים האלה הם יותר מצבירת רכוש. צעד אחד של ציות וטוב לב עשוי לשנות את החיים לעולם. אילו מיומנויות וכישרונות נתתי לך שעשויים לעזור לאנשים אחרים? האם יש לך משאבים לתת או לעזור לאנשים אחרים? זכור שהלב המוכן לתת, חשוב יותר מגודל הנתינה.

מתי תראה את טוב הלב שלי? טוב הלב שלי הוא ליבי הטהור, וגם אתה נועדת לזכות בלב טהור. זה לא יקרה באמצעות מעשים אלא באמצעות כל מה שאני. אינך יכול למדוד אותו או להניח אותו על מאזניים. טוב ליבי נמשך לאורך דורות שלמים ויימשך לעולמים. איש אינו יכול להיות ראוי לטוב ליבי או לשנות אותו. בגלל מי שאני, המעשים שלך אינם משפיעים עליו. המטרה שלך היא לבטוח בטוב ליבי ובתוכניותיי המושלמות. אתה חייב להאמין ולבטוח שאני רואה לנגד עיניי רק את הטוב ביותר לגביך. אשמור עליך ואגן עליך. כשאני אומר שלא אעזוב אותך, זה בזכות טוב ליבי וליבי הטהור. אתה תכיר את טוב ליבי בדרכים לא צפויות. אתה תוכל להתהלך בטוב ליבי אם תיענה או תפעל בדרכים לא צפויות כדי להראות אהבה לזולת. טוב הלב הזה הוא העצום ביותר כי הוא נובע משינוי בליבך. באמצעות טוב ליבי הפועל דרכך, אתה תראה את השינוי ואת הריפוי בליבך. זכור שמעשים טובים אינם העיקר, כי מעשים טובים הם התוצר הנלווה ללב שהשתנה.

הזמנים משתנים אבל אני נאמן בזמנים טובים ובזמנים רעים. זה לא קשור אליך אלא לאופן שבו אני פועל במצב. לעולם אל תסתכל על מצב במטרה להבין למה הוא קורה אלא חפש אצל מי התשובה. אני רואה מעל הכול, מעבר לכול ומתחת לכול. אני נאמן גם כשהמצב נראה אחרת. אני יכול לעזור לך להבין את האמת ולפקוח את העיניים. קל להתעוור כשמנסים להסתכל מעבר ליער של בעיות. הבט מעלה וזכור שאני בשליטה. הלב שלי כלפיך לא השתנה. לפעמים השיטות משתנות עם הזמן אבל אהבתי לך תמיד תהיה כפי שהיא. אתה יכול לעמוד על ההבטחות שהבטחתי

לך. אחוז בהן חזק והפוך אותן ליסוד שעליו אתה עומד. הנאמנות שלי יכולה לתת לך תקווה בזמנים הקשים ביותר. הנאמנות שלך טמונה בענווה. היא איננה קורבן שאני מבקש אלא לב טהור. אני יודע שהכוח שלך להיות נאמן טמון בתלות שלך בי. לפעמים תתייאש או תתעייף, אבל אני לא אעשה זאת. יהיו זמנים שבהם הרגשות שלך ישפיעו על האופן שבו אתה רואה את המצב, אבל אני אשאר נאמן. אתה יכול לסמוך עליי, שכן הייתי נאמן לך לאורך הדורות. הסתכל לאחור וזכור את הסיפורים לאורך המסע שלנו. אם תסתכל לאחור על נאמנותי בעבר, תקבל הצצה חטופה לעתיד שלנו.

מילים רכות יכולות לעזור לליבם של אנשים אחרים להתרחב, אבל מילים קשות עלולות לחרב אותם. אני מאמין שאתה כבר מכיר את ההשפעה של דיבור בנימה רכה ובענווה, אבל אני רוצה להסביר לך כמה הוא חשוב. במילים שלך טמון כוח של חיים ומוות. בראשית, כאשר בראתי את העולם, העולם בא לידי קיום בדברי, וכאשר דיברתי אליך, המילים שלי העניקו לך חיים. משחתי את המילים שלך ביכולת להגיע אל המקומות העמוקים ביותר של האדם, מקומות ששום דבר גשמי איננו יכול להגיע אליהם. אל תמהר לדבר ובחר את המילים שלך בחוכמה ובענווה כי אינך יכול לקחת אותן חזרה. לפעמים אנשים נפגעים ממילים שנאמרו בכעס, ודרושות שנים רבות עד שהם נרפאים מהן. השתמש במילים שלך בענווה כדי לבנות ולעודד את הזולת כשם שעשיתי לך. דבר דברים שאתה מאמין בהם, לא דברים שאתה רואה. אני איתך כדי להדריך אותך באילו מילים לבחור. אתה יכול לעצור בכל רגע נתון ולבקש את עזרתי. אני יכול לדבר באמצעותך כדי להגיע אל בני אדם ולהעניק להם תקווה. המילים שלך הן כלי נשק. בחר אותן בחוכמה. אדרוש ממך דין וחשבון על המילים והמעשים שלך. אני תמיד מוכן לסלוח אבל אתה חייב להיות מודע להשפעת מעשיך. בטח בי שאדריך אותך בכל יום ובכל רגע לגבי המילים שלך. הפה מדבר מתוך השופע בלב ולב בריא של אדם אחד יכול להביא מרפא לרבים.

דבר את האמת באהבה ולא מתוך רצון לשלוט באחרים. השליטה מגבילה את היכולת שלך ואת הקשר בינינו. אני נותן לך חופש לקבל את ההחלטות שלך בעצמך. כך אתה צריך לנהוג באחרים ובאנשים שאתה אוהב. לימדתי אותך להיות סוכן המופקד על דברים עלי אדמות, אבל יש הבדל בין זה לבין ניסיון לשלוט בתוצאה. אני בטוח שכבר הבנת שאינך יכול לשלוט במה שקורה בעולם הזה. נתתי לך חופש לשלוט בתגובה שלך למצבים, לרסן את עצמך. היעזר במתנה הזאת ובקש חוכמה.

אל תחליט בפזיזות. אל תאפשר לליבך להתקשות או למחשבותיך לנהל את ליבך. יש איזון בין אמונה לבין מה שאתה יכול לעשות. רק מי שרואה מעבר למצב שבו הוא נמצא יכול לזהות הזדמנויות לשינוי. אל תאפשר לזווית הראייה המוגבלת שלך לשלוט בהחלטות שלך לגמרי. אני רוצה שתשלוט בזמן ובקשר שלך איתי. לעת עתה אלך להכין מקום טוב יותר שבו הזמן שלנו יחד לא יסתיים לעולם.

מקורות

Benjamin I. Simpson, John D. Barry,. 2106. The Lexham Bible Dictionary. Bellingham, WA: Lexham Press.

Biblica. 2011. The Holy bible New International Version (NIV). Biblica Inc.

Crossway, 2001. The Holy bible English Standard Version (ESV). Good News Publishers.

Easton, M.G. 1893. Easton's Bible Dictionary. New York: Harper & Brothers.

John D. Barry, Douglas Mangum, Derek R. Brown, et al. 2012, 2016. Faithlife Study Bible. Bellingham, WAL Lexham Press.

Nelson, Thomas. 1982. The Holy Bible New King James Version (NKJV). Thomas Nelson Publishing.

Richard Whitaker, Francis Brown, S.R. Driver. 1906. The Abridged Brown-Driver-Briggs Hebrew English Lexicon of the Old Testament: From a Hebrew and English Lexicon of the Old Testament by Francis Brown, S.R. Driver and Charles Briggs, Based on the Lexicon of Wilhelm Gesenius. Boston, New York: Houghton, Mifflin and Company.

Robert Jamieson, A.R. Fausset, and David Brown. 1997. Commentary Critical and Explanatory on the Whole Bible. Oak Harbor, WA: Logos Research Systems Inc.

Souter, Alexander. 1917. A Pocket Lexicon to the Greek New Testament. Oxford: Clarendon Press.

ספרים נוספים של רוברט בס (כרגע רק באנגלית):

Purpose On The Path:

Discover How Growing Closer to God Reveals Your Purpose

Past To Purpose:

14 Short Stories to Help You Find Your Purpose

Visit our website for more resources:

www.redeemedonpurpose.com